Dieses Buch ist meiner Familie gewidmet, die mich in meiner großen Leidenschaft immer unterstützt hat. Ich danke Ric, der mein Wissen von diesen wunderbaren Tiere bereichert hat (und mich an einen Ort voller Pferde gebracht hat). Und all meinen vierbeinigen Pferdefreunden, die jahrelang mein Gewicht erduldet haben.

G.R.

Texte: **Giada Riondino**

Illustrationen: **Linda Cavalini**, Seiten: 12 l.u./r.u., 113, 28–30, 32–37, 39, 40–61, 66, 67 l., 71–75, 81–83, 86–87, 89, 91, 93, 95, 97, 100, 102, 105, 107, 111, 113, 116, 119, 121, 125, 132, 133 o., 134, 135; Rahmen 62–63, 76–77; 4. Kap. (Kokarde); 5. Kap, 130–131
© Adeline Halvorson *(www.adelinehalvorson.com)* Seiten: 10–11, 24–25, 64–65, 78–79, 108–109, 126–127
Giunti-Archiv /© Alessandro Bartolozzi: 16 u., 17 o.

Redaktion: Micaela Vissani
Grafik und Paginierung: Simonetta Zuddas
Bildredaktion: Claudia Hendel, Elisabetta Marchetti

Fotonachweise:
Giunti-Archiv, Florenz: Gaetano Russo: 69 (Die Box), 81, 83, 84, 85, 86, 89, 90, 91, 92, 94 l.u./r.u., 95, 96, 98, 99 u., 100, 101, 104 l.u./r.u., 105, 135 o., IV Cover l.u.
Alinari Archiv, Florenz: © The Bridgemann Art Library, Seiten: 17 M.r., 21
Cogis: © Monnier, S. 41
Contrasto: © Buena Vista Pictures/Courtesy Everett Collection S. 137 r.u.;
© Walt Disney Co./Courtesy Everett Collection, S. 136; © Erich Lessing, S. 18 o.; © Staffan Widstrand/NPL, S. 58
Corbis: © William Manning, S. 118; © Carlo Ferraro, S. 119 o.; © Dean Conger, S. 124;
© Kit Houghton, Seiten 53, 57, 121 l.u.; © Carl Purcell, S. 130 u.; Reza, S. 45;
Getty Images: © Dan Tuffs, S. 27 o.
Grazia Neri: © Brambilla Archiv, S. 137 o.r.; © Photos 12.com S. 137 l.o./l.u./M.l./M.r.
Marka: © Doliwa, S. 123 M.
Olycom: © Sipa Press, S. 121 r.u.
Panda Photo: © A. Calegari, S. 59
Reuters: © Sergio Perez, S. 131 o.; © Reuters Photographer, S. 130 o.,
© Reuters Photographer 119 o.; © Eddie Keogh, S. 119 u.
Schwager & Steinlein Verlag/© blickwinkel: Seiten 5, 8–9, 15 u., 15 r., 22, 23 r.o./r.u., 26, 27 u., 28, 31 M., 31 r.u., 32, 33, 34, 35, 37, 38, 39, 42, 44, 49, 50, 51, 52, 54, 55, 57, 60, 62 r.u., 63 r.o., 63 u., 66, 67 o., 67 l.u., 70 l.u., 73 M.o., 73 r.o., 76 o., 76 u., 77 l.o., 77 r.o., 80 u., 87, 88, 94 o., 97, 99 o., 102, 103, 104 o., 106, 110 o., 111 o., 111 l.u., 111 r.u., 112, 114 o., 114 u., 115, 116, 117 l.o., 117 r.o., 117 r.u., 118 o., 120 o., 121 o., 122, 123 o., 123 r.u., 124 u., 125, 128 o., 128 l.u., 128 r.u., 129, 130 M.r., 131 r.u., 132, 133, 135 u.

Wo nicht anders angegeben, stammen die Bilder aus dem Giunti-Archiv.
Bei Fotos, deren Quellen nicht geklärt werden konnten,
erklärt sich der Originalverlag bereit, eventuelle Ansprüche zu begleichen.

Die Autorin dankt:
Lucrezia Feri und ihrer Stute Eufrosina, die auf den Fotos der folgenden Seiten zu sehen sind:
90–92, 94 l.u./r.u., 95, 96, 98, 99 u. 100, 101, 104 l.u./r.u., 105;
Lucrezia Feri und ihrer Stute Crepe Susette;
Renato Palma und seiner Stute Crepe Suzette;
Marcia Vahlberg und Carmelo Strazzulla vom Reitverein *I Noccioli (www.inoccioli.it)*, Bagno a Ripoli (Florenz);
Rita Petrilli für das Foto auf Seite 120 u.

Originaltitel: Il Grande Libro Del Cavallo
Übersetzung: Christiane Bergfeld, Dr. Ulrike Schimming
Satz deutschsprachige Ausgabe: Rasterpixel Mediendesign, Neuss
Gesamtherstellung: Naumann & Göbel Verlagsgesellschaft mbH, Köln
ISBN 978-3-625-13141-0
www.naumann-goebel.de

Mein großes Buch der
Pferde

NGV

Inhalt

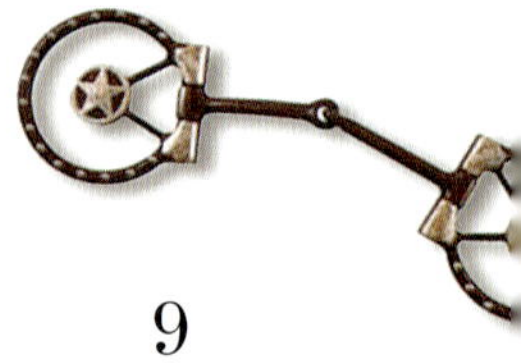

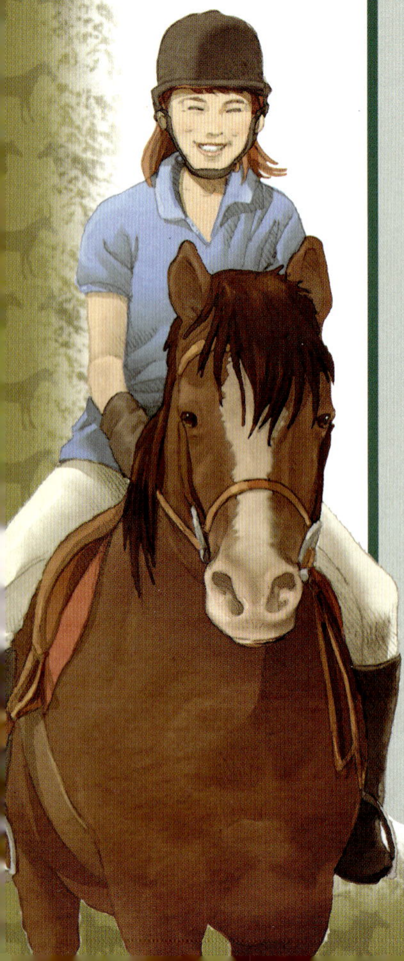

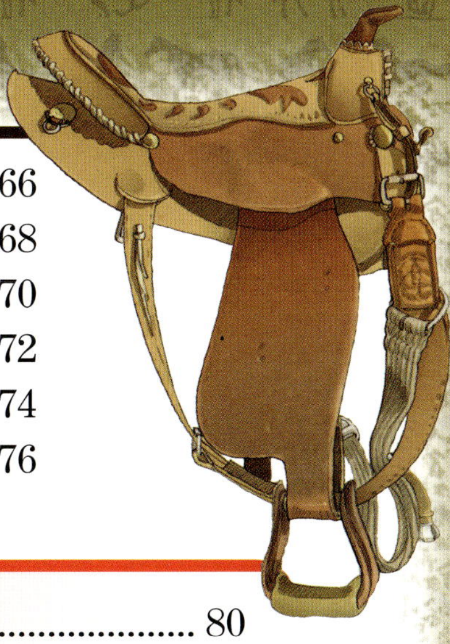

KAPITEL 3 Pferdepflege

KAPITEL 4 Reitstunden

KAPITEL 5 Reitsport

KAPITEL 6 Rund ums Pferd

Einleitung

Ich habe mit dem Reiten angefangen, als ich neun Jahre alt war. Ein Freund unserer Familie, ein Tierarzt, schenkte mir ein Foto von einer Schimmelstute. Sie hieß Giada wie ich. Ganz begeistert schilderte er mir, was für ein tolles Erlebnis das Reiten ist.

Pferde waren für mich damals schon ganz wunderbare Tiere! Ich weiß noch, dass es in den Ferien am Meer Kinderkarussells gab – damit wollte ich fahren, aber immer nur auf einem Pferd sitzen.

Auf Anregung unseres Freundes und weil ich es mir unablässig wünschte, beschlossen meine Großeltern, mit mir zu einer Reitbahn zu gehen. Von da an habe ich nie mehr aufgehört zu reiten. Heute, mehr als zwanzig Jahre später, erinnere ich mich noch genau, was ich empfunden habe, wenn der Lehrer uns vor der Reitstunde nacheinander aufrief und ankündigte, welches Pferd uns an jenem Tag zugeteilt war. Das Reiten war für mich nicht nur ein Sport, sondern eine Welt aus Freundschaft und Gemeinschaft, in der ich die wichtigsten Jahre meines Lebens verbracht habe. Ich kann allen nur wünschen, auch in so einem natürlichen und gesunden sportlichen Umfeld aufzuwachsen – gemeinsam mit diesen scheuen Tieren!

Dank sei all meinen vierbeinigen Freunden von damals, die mich auf meinem Weg begleitet haben. Ich werde sie stets in liebevoller und wehmütiger Erinnerung behalten. Es sind sehr, sehr viele, ich denke da an Alpino, Argento, Queen Save, Isotope, Oas, Edith, Pibor Post, Nicosia, Agassi und die kleine Policleta …

KAPITEL 1

Die Geschichte des Pferdes

Die Ahnen

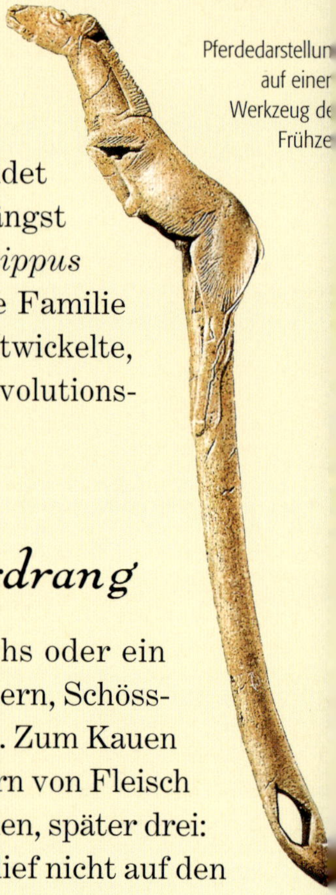

Pferdedarstellun
auf einer
Werkzeug de
Frühze

Das Pferd, wie man es heute kennt, unterscheidet sich ganz erheblich von seinen Vorfahren aus längst vergangenen Zeiten. Das kleine Urpferd, *Eohippus* oder *Hyracotherium* genannt, aus dem sich die Familie der Equiden, also die Pferde, Esel und Zebras, entwickelte, hat einen rund 55 Millionen Jahre währenden Evolutionsprozess durchlaufen.

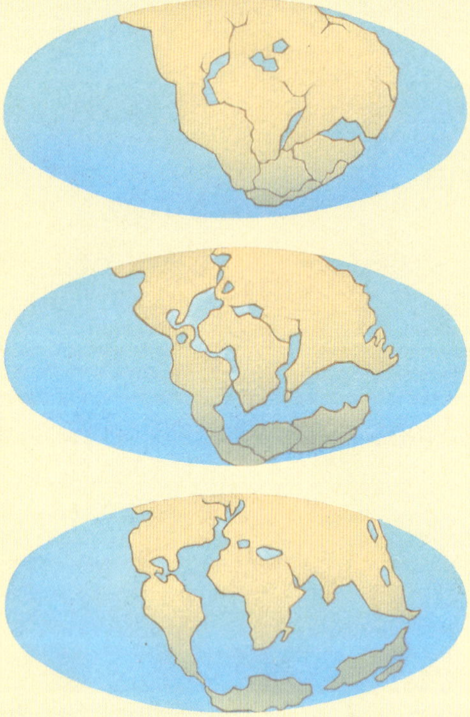

Ursprünglich gab es auf der Erde einen einzigen „Superkontinent", **Pangäa** genannt. Vor rund 180 Millionen Jahren begannen die Kontinente, allmählich auseinanderzutreiben und ihre jetzige Gestalt anzunehmen.

Ein kleines Tier voller Forscherdrang

Eohippus war klein, nicht größer als ein Fuchs oder ein Hund, und ernährte sich überwiegend von Blättern, Schösslingen und Früchten in sumpfigen Waldgebieten. Zum Kauen hatte er 44 kleine Zähne, die auch zum Zerkleinern von Fleisch geeignet waren. Die Füße hatten früher vier Zehen, später drei: Alle Zehen hatten kleine Hufe. Doch *Eohippus* lief nicht auf den Hufen, sondern auf kleinen Ballen, ähnlich denen einer Hundepfote.

Der Kopf dieses Pferdeahnen war vergleichsweise klein, seine Beine waren kurz, und der Rücken war gewölbt. Das gefleckte oder gestreifte Fell diente als Tarnung im Strauchwerk, um von den Raubtieren nicht so leicht entdeckt zu werden. Damals lebten nämlich auch die schrecklichen Creodonten, die Urraubtiere, gierige Fleischfresser mit spitzen Zähnen! *Eohippus* war offenbar ein lebhaftes und unternehmungslustiges Tier. Zu einer Zeit, als die späteren Kontinente der Erde noch in einem einzigen Block zusammenhingen, vermehrte sich *Eohippus* munter überall, wie die in Nordamerika, Europa, Asien und Afrika gefundenen Fossilien belegen.

Eohippus

Mesohippus

Die Evolution

Im Laufe der Jahrhunderte und mit dem Wandel der klimatischen Bedingungen auf der Erde änderte *Eohippus* allmählich seine körperlichen Merkmale. Seine Beine wurden länger, er wurde also größer. So konnte er immer weitere Strecken zurücklegen und seinen Fressfeinden leichter entkommen.

Um sich auf dem rauen Gelände der Prärien und Steppen schneller fortbewegen zu können, entwickelte sich der einzige Mittelzeh immer weiter, bis *Eohippus* schließlich an jedem Bein nur noch einen Huf hatte.

Er änderte auch seine Fressgewohnheiten, wandelte sich vom Laub- zum Grasfresser. Mit dieser Evolution veränderten sich Verdauungsapparat und Gebissform, denn die Zähne mussten jetzt Gräser und Getreidesorten zerkleinern können. Sein Hals wurde länger, um besser weiden zu können. Die Augen verschoben sich weiter zur Seite, um das Gesichtsfeld zu vergrößern und in den großen offenen Weiten Feinde rechtzeitig zu bemerken.

WAS IST EVOLUTION?
Die Evolutionslehre wurde in der zweiten Hälfte des 19. Jahrhunderts von dem Naturforscher Charles Darwin (1809–1882) begründet. Darwin vertrat die These, dass die lebenden Arten sich auf der Basis einer natürlichen Auslese entwickelt hätten. Nach diesem Ausleseprinzip, so Darwins Annahme, überlebt der Stärkere und Anpassungsfähigere, während der Schwache untergeht. Charles Darwin legte seine Theorie in dem Buch *Die Entstehung der Arten* dar.

In grauer Vorzeit

Die wichtigsten Stadien, die die Vorfahren des Pferdes während der Evolution durchliefen, nennt man *Mesohippus*, *Parahippus*, *Merychippus* und *Pliohippus*. Das Aussehen von *Pliohippus* vor 6 Millionen Jahren ähnelte sehr dem des Ponys unserer Zeit: Diese Art steht ganz am Ende der Evolutionskette, aus der *Equus* hervorging, der Stammvater des Pferdes (und außerdem auch des Esels und des Zebras). Er erschien vor etwa anderthalb Millionen Jahren.

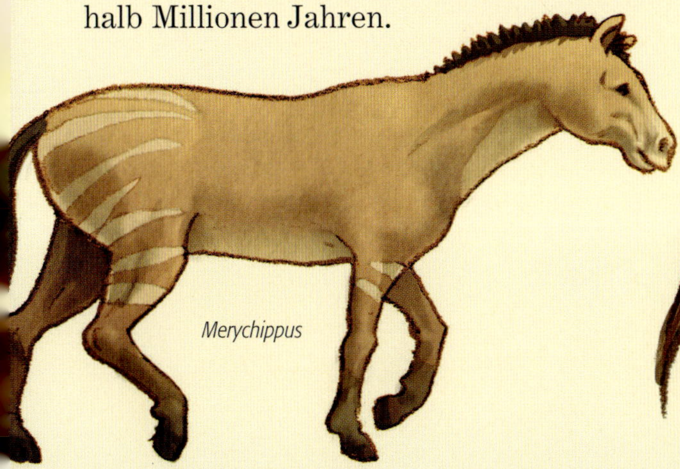

Merychippus

Pliohippus

Equus erobert die Erde

Hernando Cortéz empfängt Häuptlinge der Tlaxcalteken, einer alten vorkolumbischen Kultur.

Equus' Heimat vor anderthalb Millionen Jahren war vermutlich Nordamerika: Von dort aus verbreitete sich die Art auch in Asien, Europa und Afrika. Tatsächlich war der amerikanische Kontinent zu dieser Zeit noch mit dem asiatischen verbunden. Vor der letzten Eiszeit (vor etwa 10 000 Jahren) starb die Spezies *Equus* in Nord- und Südamerika schließlich aus. Erst nach der Entdeckung Amerikas im Jahr 1492 brachten die spanischen Eroberer wieder Pferde dorthin.

Die Evolution schreitet fort

In Europa, Asien und Afrika jedoch hatte *Equus* in der Zwischenzeit eine weitere Evolution durchlaufen und sich dem jeweiligen Klima und anderen örtlichen Bedingungen angepasst. In Afrika setzten sich wohl wegen des Klimas und der Geländebeschaffenheit überwiegend die evolutionären Zweige durch, aus denen Zebras und Esel hervorgingen.

In Asien und Europa dagegen entwickelten sich vier Typen frühgeschichtlicher Pferde, aus denen durch Kreuzungen und Anpassungen an die Umwelt die heute bekannten Pferderassen hervorgingen, die zur Spezies *Equus caballus* gehören.

Zebra

Esel

Bernsteinpferd

In China und der Mongolei entwickelte sich das sogenannte **Steppenpferd**, klug und mutig, das auf steilen Felsen klettern und auch gut

schwimmen konnte. Der Körper dieses robusten Tiers war plump, das Fell grau mit schwarzen Punkten. Es hatte einen großen Kopf mit langen Ohren. Heute noch lebt dieses Pferd wild in der mongolischen Steppe, ganz genauso wie sein Vorfahr vor Jahrmillionen. Es heißt **Przewalski-Pferd** nach dem Namen des russischen Forschers, der es im Jahr 1870 entdeckte.

Weiter westlich, in Vorderasien und Europa, genauer gesagt in Russland, Polen und der Ukraine, entwickelte sich das Wildpferd **Tarpan**, leichter gebaut und schneller als das Przewalski. Auch diese Art lebt geschützt in den polnischen Wäldern. Vom Tarpan stammen wahrscheinlich das Araberpferd und andere edle Rassen, die sogenannten Warmblüter, ab (siehe Seite 39).

Vom **Waldpferd**, das heute ausgestorben ist, stammen die Kaltblüter ab. Es hatte sich an die Sumpf- und Feuchtgebiete Nordeuropas angepasst: Seine starken, behangenen Beine schützten es vor Schlamm, das struppige Fell wärmte in der Kälte, und es war ziemlich groß.

Zu guter Letzt gab es noch ein Pony, das kleine **Tundrenpferd**. Es lebte im Nordosten Sibiriens. Seine Überreste wurden an den gleichen Stellen gefunden wie die Fossilien des Mammuts. Dieses Pferd ist vermutlich der Stammvater des Yakut-Ponys, einer Rasse, die heute noch in jener Region lebt.

Oben: ein **Tarpan**; rechts: ein Italienisches Kaltblut, das von den **Waldpferden** abstammt

Konik-Ponys, die vom Tarpan abstammen

Die Domestikation

Die Geschichte des Pferdes erfuhr einen Wendepunkt, als der Mensch mit der Zähmung der Wildpferde begann.

Wahrscheinlich handelte es sich bei den primitiven, von Menschen um etwa 4000 v. Chr. gezähmten Pferden um Tarpane aus verschiedenen Populationen in Asien und Osteuropa. Schon seit Jahrtausenden hatte der Mensch Rinder, Schafe, Ziegen, Schweine und Hunde gezüchtet. Pferde jedoch waren schwerer zu fangen, weil sie so schnell waren. Daher kam den Menschen die Idee, Pferde, die sie hatten fangen können, einzuzäunen und als Fleischlieferanten zu züchten.

Der Mensch begriff schnell, dass sich das Pferd hervorragend als Haustier eignen würde. Er sah auch, dass es einen runderen und bequemeren Rücken hatte als das Rind. Also versuchte der Mensch, auf dem Pferd zu reiten: So begann vor 6000 Jahren die gemeinsame Geschichte von Mensch und Pferd. Seitdem dienten Pferde nicht nur als Schlachtvieh, sondern sie wurden auch bei der Feldarbeit, zum Lastenziehen und im Kampf gegen Feinde eingesetzt.

Zeichnung nach einem **altägyptischen Flachrelief:** ein von Pferden gezogener Streitwagen mit einem Krieger des Pharaos. Es ist einer der ersten Belege für die Pferdezucht.

Oben: **Die Standarte von Ur.** Dieser Ausschnitt zeigt die verschiedenen Einheiten des sumerischen Heers.

Die Domestikation des Pferdes verbreitete sich zunächst nur in geringem Umfang. Etwa 2000 Jahre später begann man damit auch in Mesopotamien, Ägypten, Indien, Griechenland (Kreta und Mykene). Ab etwa 2000 v. Chr. breitete sich die Nutzung von Pferden als Zugtiere in all diesen Ländern explosionsartig aus.

Ross und Reiter

Um 1500 v. Chr. begannen Menschen im gesamten Verbreitungsgebiet der Domestikation zu reiten, allerdings noch ohne Sattel. Bald wurden die Pferde zum wichtigsten Verkehrsmittel, und die Heere zogen zu Pferd in den Krieg und legten weite Strecken zurück. In der Schlacht selbst verwendete man Streitwagen. Diese wurden in allen Kulturen bis um 300 v. Chr. im Kampf eingesetzt. Nur im damals noch rückständigen Nordeuropa verwendete man sie bis ins 1. Jahrhundert n. Chr.

Zur gleichen Zeit entwickelten die Nomadenvölker der asiatischen Steppe immer mehr Geschick im Umgang mit Pfeil und Bogen, die sie im rasenden Galopp abschossen. Sattel und Steigbügel kannten diese Völker noch nicht. Bis ins 13. Jahrhundert kämpften sie zu Pferd, und noch heute rühmt man ihr reiterliches Können und ihren Wagemut. In den Reitervölkern lernte man das Bogenschießen schon von klein auf, um die weidenden Herden vor wilden Tieren oder feindlichen Überfällen zu schützen.

Oben links: digitale Rekonstruktion eines **türkischen Ritters** mit Lanze und Bogen

Oben rechts: **Dschingis Khans Sattel und Bügel** aus Holz und vergoldeter Bronze

Mitte rechts: **Bronzesteigbügel**, etwa 5.–7. Jahrhundert, aus Nordostchina oder Sibirien

Links: Tuschmalerei auf Seide, Chao Yen zugeschrieben, einem hervorragenden Maler und General des Kaisers T'ai-tsu (907–912), die einen **vorrückenden Reitertrupp** darstellt.

Die Ritterzeit

Reiterfigur Karls des Großen

Eigentlich könnte man schon das Reiterheer Alexanders des Großen als erstes „echtes Ritterheer" der Geschichte bezeichnen. Dieser berühmte Feldherr rückte im Jahr 326 v. Chr. bis nach Indien vor. Nach seinem Vorbild formierten sich im Abendland die ersten Ritterheere zur Zeit der Karolinger um 750 n. Chr., was eine Revolution des Heerwesens darstellte. Die Kavallerie gewann im Vergleich zur Infanterie (den Fußsoldaten) immer mehr an Bedeutung, da man damit besser für den Kampf gegen die Araber, Wikinger und Steppennomaden gewappnet war, die durchweg äußerst geschickte Reiter waren.

Das Feudalsystem

In der neuen politischen Ordnung jener Zeit verlieh der Herrscher den Rittern Lehen oder Rittergüter im Austausch für Kriegsdienste. Die Bewohner des Ritterguts bearbeiteten das Land, damit sich der Ritter in der Kriegskunst üben und in den Kampf ziehen konnte, wenn der Herrscher ihn rief. Die aufwendige Ausbildung zum Ritter dauerte ein Leben lang. Diese große Verantwortung weckte in den Rittern ein tiefes Pflichtgefühl und starkes Selbstbewusstsein.

Gegen Ende des 10. Jahrhunderts wurde der Holzsattel mit einer besonders starken Rückenlehne entwickelt. Der Ritter fand so guten Halt und konnte sich beim Ausstrecken und Stoßen der Lanze sicher abstützen. Seitdem war die Lanze eine der gefährlichsten Waffen.

Alexander der Große in der berühmten Schlacht bei Issos

Fresko aus dem 13. Jahrhundert. Es stellt einen **Sarazenenkrieger** auf seinem Schlachtross dar.

Miniatur-Ausschnitt aus dem 15. Jahrhundert: **Karl der Große** im Prunksattel während einer Schlacht gegen die Sarazenen

Allmählich kamen auch Steigbügel auf, die in China erfunden wurden: Sie sorgten für ein besseres Gleichgewicht, und die Sicherheit beim Einsatz der Waffen verbesserte sich. Seit dem ausgehenden 8. Jahrhundert begann der allmähliche Niedergang des Rittertums, bis es im 14. Jahrhundert seinen Tiefpunkt erreichte. Die Ursache lag im aufblühenden Handel mit freiem Güter- und Warenverkehr und dem damit verbundenen Geldumlauf. Das machte die Gemeinwesen unabhängiger. Sie waren zu ihrer Verteidigung nicht mehr auf die Ritter angewiesen. Dennoch inspirierte die Gestalt des Ritters bis dahin zahlreiche Märchen und Legenden, darunter einige herausragende Werke der Literatur: Man denke nur an den ruhmreichen König Artus und die Ritter der Tafelrunde.

Alle technischen Errungenschaften, die ursprünglich im Dienst der Kriegstechnik gestanden hatten, hielten als Sport und Freizeitvergnügen Einzug in das Alltagsleben. Die Streitwagen kamen im Rennsport zum Einsatz (berühmt und aus Historienfilmen bekannt sind die Wagenrennen der Römerzeit), der Ritter, der vom Sattel aus mit der Lanze kämpfte, stand Pate für den sportlichen Vergleich bei den Turnieren, die Ende des 10. Jahrhunderts in Mode kamen. Bei diesen Turnieren, die während des gesamten Mittelalters ihre Blütezeit erlebten, präsentierten die Ritter ihre Geschicklichkeit in der Kriegskunst und zeigten die Farben ihrer Wappen und ihrer Familie, mit denen sie auch die Pferde schmückten. Diese mittelalterlichen Traditionen leben in verschiedenen historischen Veranstaltungen fort, die zu großen Touristenattraktionen geworden sind, so zum Beispiel beim Sarazenenturnier (Giostra del Saracino) in Arezzo und dem Palio von Siena (siehe Seite 119).

Die Kreuzzüge

/iniatur-Ausschnitt mit einer Darstellung vom Heer und Hof Nebukadnezars: Vermutlich handelt es sich ım **andalusische Krieger**, denn die Ausrüstung ähnelt der im christlichen Spanien.

Das Mittelalter war auch die Zeit der Kreuzzüge (1095–1291). Ohne Pferd hätte der Mensch die Reise nach Jerusalem im Heiligen Land (wo sich das Grab Christi befindet) und die damit verbundene Durchquerung so vieler Länder kaum auf sich genommen.

Bei den Kreuzzügen lernten die Ritter die sogenannte leichte Kavallerie des Vorderen Orients kennen, Kämpfer mit einer leichten Ausrüstung und schnellen Pferden, die so ganz anders waren als die riesigen Rösser der Kreuzritter, die unter der Last der Rüstungen nur langsam vorankamen. Schließlich brachten die Kreuzfahrer die herrlichen Pferde aus den arabischen Ländern in die Heimat mit.

Die Neuzeit

Im 15. Jahrhundert kamen die ersten Feuerwaffen auf, und die Rüstungen der zu Pferd Kämpfenden wurden schwerer. Folglich mussten die Pferde größer und robuster sein. Zu dieser Zeit vermehrten sich die Kaltblutpferde besonders stark.

Im 16. Jahrhundert ersetzte das Schießpulver die „blanke Klinge" fast gänzlich, und die Kavallerie wurde durch Riesenarmeen von Fußsoldaten ersetzt, die mit Musketen bewaffnet waren.

Dieses **Reiterbild aus der Ära Napoleon** stellt Joachim I. dar, Napoleons Schwager und König von Neapel.

Das 17. Jahrhundert brachte das Bajonett. Es spielte eine wichtige Rolle in den Kriegen und Revolutionen der Alten und Neuen Welt, doch das Pferd wurde buchstäblich im Zaum gehalten. Es musste weiterhin seine Pflicht tun und bis zum Kontakt mit dem Feind die Lasten tragen. In diesem Jahrhundert florierten Reitschulen und Ratgeber zum „richtigen Umgang" mit Pferden, d. h. wie man sie sauber hält und pflegt.

Seit dem 18. Jahrhundert wurde die Rolle der Reiterei immer unwichtiger, und die Abteilungen spezialisierten sich auf präzise Aufgaben an der Seite der Infanterie. Es verblieben noch:

- die schwere Kavallerie (mit Rüstungen und großen Pferden ausgestattet, hatte sie die Aufgabe, dort Breschen zu schlagen, wo der Feind Anzeichen von Schwäche zeigte);
- die leichte Kavallerie (sie erkundete das Kampfgelände, spionierte den Feind aus, verfolgte ihn, wenn er die Flucht ergriff; das bekannteste Korps waren die Husaren);
- die Arkebusierreiter (eine Kavallerie-Einheit, die zu Fuß und zu Pferd kämpfte).

In den Ländern, in denen die Feuerwaffen noch nicht sehr weit entwickelt waren (wie z. B. China und Indien), hielten sich die Kavallerietruppen länger. Mit dem Ersten Weltkrieg verschwand das Pferd aus dem Kriegsgeschehen und wurde durch andere Transportmittel ersetzt.

Der Herzog von Newcastle erteilt **Reitunterricht**, Ausschnitt aus einem Gemälde aus dem 17. Jahrhundert.

Die „Neuentdeckung“ Amerikas

In der amerikanischen Geschichte spielte das Pferd immer eine wichtige Rolle. So waren Pferde entscheidend am Sieg des Eroberers Hernando Cortéz über die Azteken in Peru beteiligt, der auch die Wende in der Eroberung Amerikas brachte.

„Der Untergang der Azteken“, ein Gemälde aus dem 16. Jahrhundert, spanische Schule, aufbewahrt in Mexiko-Stadt in der Nähe der britischen Botschaft. Darstellung der Eroberung Tenochtitláns durch Cortéz.

Die Indios, die bis zur Ankunft der Spanier noch nie solche Tiere gesehen hatten, hielten Pferd und Reiter für ein einziges gottähnliches Wesen. Einer von vielen Gründen, weshalb es so wenigen Männern gelang, die zahlenmäßig stark überlegenen Azteken vernichtend zu schlagen und damit den Niedergang eines der größten und ältesten Völker der Welt einzuleiten.

Interessanterweise liefen einige Pferde den Eroberern weg und verwilderten. Die indigenen Völker begannen nun jenen Prozess der Domestikation, der in der Alten Welt schon über 4000 Jahre vorher eingesetzt hatte. Sie wurden auch sehr geschickt im Reiten ohne Sattel. Und noch heute gibt es in Amerika Wildpferdherden.

Alle einsteigen!

Zu allen Zeiten wurde das Pferd als Transportmittel verwendet.

Die alten Römer bauten ein dichtes Straßennetz auf, sodass sich der Verkehr mit Gespannen sehr stark entwickeln konnte.

Im Mittelalter, bis hinein ins 16. Jahrhundert, stieg man lieber wieder selbst aufs Pferd oder verteilte Lasten auf Packtiere – Pferde oder Esel –, denn nach dem Untergang des Römischen Reiches wurden die Straßen nicht mehr instand gehalten.

Ende des 17. Jahrhunderts nahm der Straßenverkehr wieder an Fahrt auf. Von den Kutschen der Adeligen bis zu den öffentlichen Postkutschen wurden die Fahrzeuge seitdem von Pferden gezogen, und über 250 Jahre lang – bis zur Erfindung von Eisenbahn und Auto – blieben sie das wichtigste Transportmittel.

Die industrielle Revolution Ende des 18. Jahrhunderts hätte ohne diesen außerordentlichen Wagenverkehr nicht stattfinden können. Wagen transportierten die Produkte für den Export und ermöglichten es den Arbeitern, zu ihrer Arbeitsstelle zu fahren. Die Pferde waren damals auch noch im wahrsten Sinne des Wortes die treibende Kraft, der Motor der „neuen“ Industriemaschinen.

Oben: **Fiaker** warten auf Touristen, die eine Kutschfahrt durch die Stadt machen möchten.

Reiche Leute hielten sich im vorigen Jahrhundert eigene Pferde und Kutschen.

Anfang des 19. Jahrhunderts gab es Hunderte verschiedener Pferdefuhrwerktypen, die in der Stadt auch oft in Verkehrsunfälle verwickelt waren! Bis zur ersten Hälfte des 20. Jahrhunderts waren Gespanne fester Bestandteil im Straßen- oder Landschaftsbild, was heute nur noch auf Entwicklungsländer zutrifft.

Die Arbeiten des Pferdes

Das Pferd diente dem Menschen als Einnahmequelle, als wichtiger Helfer im Krieg und in der Schlacht, als Transportmittel und als Statussymbol.

Unter all diesen Vorzügen hervorzuheben ist jedoch die unverzichtbare Arbeitskraft, die das Pferd seit seiner Domestikation bis zum Ende des 19. Jahrhunderts bereitstellte bzw. auch heute noch bereitstellt. Das beweist schon die Tatsache, dass die Maßeinheit für die Leistung der Verbrennungsmotoren, die Ende des 19. Jahrhunderts aufkamen, die Pferdestärke war! Und daran hat sich bis heute nichts geändert.

Kaltblüter ziehen den Heuwagen.

Am häufigsten setzte man Pferde wohl für die Arbeit in der Landwirtschaft ein. Man konnte sie vor die Räder spannen, mit denen Mühlen angetrieben wurden, oder man legte ihnen ein Kummet, ein spezielles Zuggeschirr, um den Hals, damit sie schwere Lasten und Geräte über die Felder ziehen konnten. In den Wäldern zogen sie Baumstämme, und dort, wo moderne landwirtschaftliche Maschinen nicht hinkommen, tun sie das heute noch; oder sie treidelten: Sie liefen an Kanalufern entlang und zogen Schleppkähne an langen Seilen durch das Wasser.

In der Stadt waren die Verwendungsmöglichkeiten noch vielfältiger: Pferde zogen die Löschwagen der Feuerwehr oder sie wurden als Postpferde eingesetzt.

Trotz allen technischen Fortschritts werden Pferde immer noch für viele verschiedene Arbeiten genutzt, vor allem in Ländern, deren wichtigster Wirtschaftssektor nach wie vor die Landwirtschaft ist.

Oben: Pferde bei der Feldarbeit
Links: Pferde beim Zusammentrieb der Rinderherden

KAPITEL 2

Verhalten, Gebäude und Rassen

Lerne, dein Pferd zu verstehen

Pferde sind wunderschöne und vielschichtige Tiere. Um eine harmonische Beziehung zu ihnen aufzubauen, müssen wir ihr Wesen verstehen. Wie wir Menschen hat auch jedes Tier seinen einzigartigen persönlichen Charakter.

Das Pferd ist ein Herdentier, denn das Leben in einer Gemeinschaft sichert ihm in freier Wildbahn sein Überleben. In der Herde fügt es sich in eine strenge Rangordnung ein. Auch wenn die meisten Pferde in Gefangenschaft geboren werden und es ein Leben lang bleiben, ist dieser Instinkt noch stark ausgeprägt. Allein fühlen sie sich nicht wohl, sie brauchen die Gesellschaft anderer Pferde. Auf einem Gestüt, in einer Reitschule oder allein in der Box stehend, knüpfen sie durch Wiehern in verschiedenen Tonlagen Kontakte. Tiere, die auf einer Koppel leben, errichten dort unter sich ein hierarchisches System wie in Freiheit.

Gerade wegen seines sozialen Charakters lernt das Pferd, enge Beziehungen zu den Menschen zu knüpfen, die es oft sieht. Wenn du ein eigenes Pferd oder oft mit demselben Pferd zu tun hast, bringst du ihm bei, dich wiederzuerkennen: Ganz allmählich fasst es Vertrauen zu dir und freut sich, wenn du es besuchst.

Pferde pflegen auch körperliche Kontakte untereinander, sie beschnuppern und beknabbern sich. Mit den Menschen, denen sie vertrauen, können sie ähnlich innige Beziehungen herstellen.

Natural Horsemanship – Pferdeflüstern

Auf dem Herdenprinzip basiert auch die bahnbrechende Methode der Pferdeausbildung der letzten Jahre, die sogenannte *Join-up*-Methode (eine gewaltfreie Kommunikationsart zum Aufbau einer Partnerschaft mit dem Pferd), die der Amerikaner Monty Roberts in seinem Buch *Das Wissen der Pferde und was wir Menschen von ihnen lernen können* (Deutsch von Ingrid Laufenberg, Bergisch Gladbach 2000) vorstellt. Roberts studierte das Verhalten inner-

nalb der Herde und versuchte, Pferde zu zähmen, die sich noch nie einem Menschen genähert hatten, indem er durch Körpersprache das Verhalten les Leithengstes nachahmte.

Er beschreibt, wie die Pferde lernten, ihm zu vertrauen und ihn tatsächlich als Leithengst zu akzeptieren. So gelang es ihm binnen Kurzem, die menschenscheuen Pferde ganz ohne Zwang (der oft gleichbedeutend mit Gewalt ist) zu reiten.

Monty Roberts mit einem seiner Pferde. Schon mit dreizehn Jahren entdeckte Monty, wie Pferde miteinander kommunizieren.

MONTY ROBERTS

Monty Roberts lebt in den Vereinigten Staaten (Kalifornien) und widmet sich seit über vierzig Jahren der Ausbildung und dem Studium von Pferden. Seine Beziehung zu den Vierbeinern gründet sich allein auf Zeichensprache und Vertrauen. Auf Zwangsmethoden greift er nicht zurück.

Diese Methode, die er „Natural Horsemanship“ nennt (auch unter dem Namen „Pferdeflüstern“ bekannt), ist inzwischen weit verbreitet, denn sie ermöglicht eine ganz natürliche Gewöhnung des Pferdes an Mensch und Sattel, und verschiedene Schulen bieten Lehrgänge zur Ausbildung von Pferden nach Monty Roberts oder anderen (z. B. Pat Parelli) an. Auf jeden Fall kommst du deinem vierbeinigen Freund mit diesem Wissen sehr viel näher, selbst wenn du es nicht beruflich nutzen willst!

Denke immer daran, dass Pferde nicht von Natur aus böse sind. Sie können zwar ziemlich dominant und übermütig sein, aber wenn sie schlechte Angewohnheiten haben, liegt das nur daran, dass sie schlecht behandelt wurden. Auch potenziell gefährliche Verhaltensweisen sind bei Pferden nicht etwa angeboren, sondern Reaktion auf etwas, das sie erschreckt.

Kontaktpflege nach Art der Pferde: Man beknabbert und beschnuppert sich.

Das Exterieur (Aussehen) des Pferdes

Die äußere Erscheinung eines Pferdes nennt man das Exterieur, den Körperbau das Gebäu Du solltest dieses Gebäude mit den einzelnen Körperteilen und -partien und die richtigen Bezeic nungen in der Fachsprache kennen. Das kommt dir bei der Pflege zugute, und du kannst dann auch die Anweisungen von Reitlehrer, Tierarzt und Hufschmied verstehen – oder von anderen, die sich in der Pferdefachsprache ausdrücken. Pferde und Ponys können verschiedenen Rassen angehören, und ihr Stockmaß – die Körpergröße vom Boden bis zum Widerrist gemessen – kann sehr verschieden ausfallen. Das Aussehen bzw. das Exterieur aber haben sie gemeinsam. Die kleinste Pferderasse der Welt ist das Falabella, dessen Stockmaß nie über 85 cm hinausreicht.

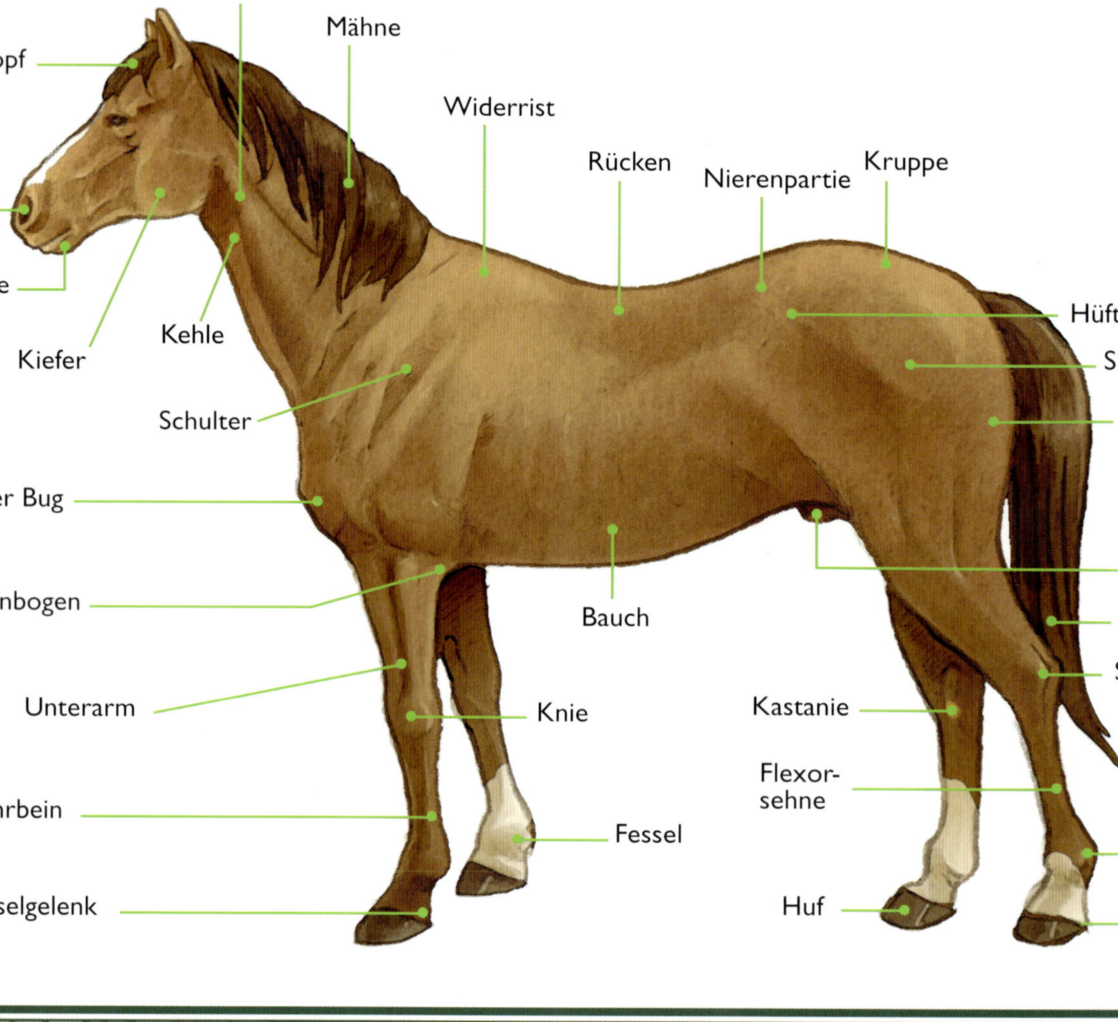

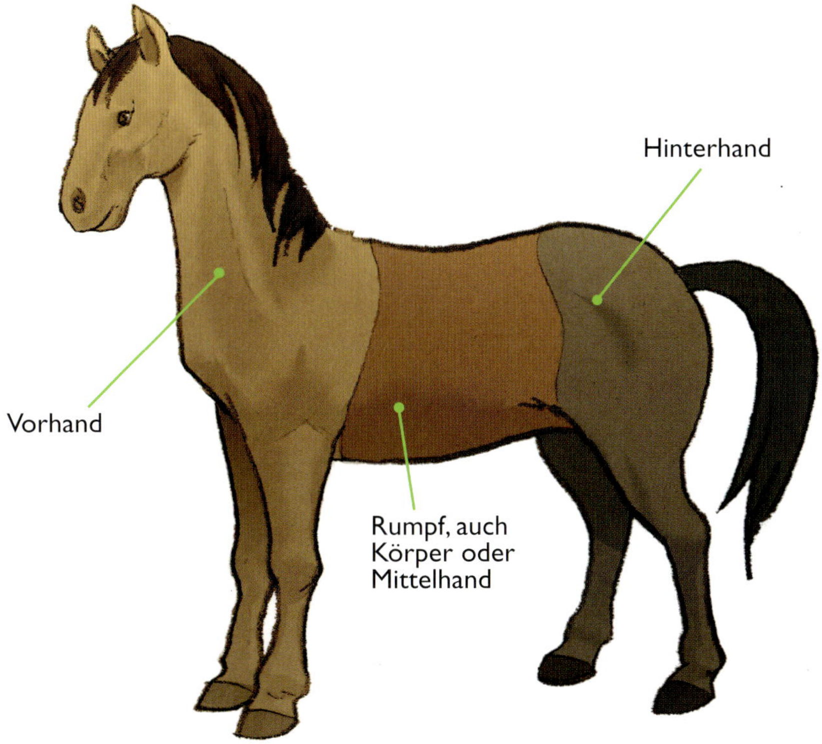

)as Shire Horse ist größer: Es ‹ann über 2 Meter Stockmaß ›rreichen und auch mehr als .000 kg wiegen.

Der Pferdekörper lässt sich n drei Regionen einteilen, in **/orhand**, **Rumpf** oder **Körper** auch **Mittelhand** genannt) ınd **Hinterhand**. Diese Auf-eilung ist praktisch, denn bei eder Rasse sind diese Körper-egionen verschieden stark ıusgeprägt. Als besonderes Merkmal beim amerikanischen Quarter Horse wird beispiels-veise oft die sehr stark entwi-kelte Hinterhand erwähnt.

Das Araberpferd zeichnet sich durch den besonders langen Hals aus, der ein Teil der Vor-ıand ist. Die Länge des Halses beeinflusst auch dessen Haltung.

DAS STOCKMASS

Die Größe eines Pferdes oder Ponys misst man vom Boden bis zum Widerrist.

Du kannst die Körpergröße mit dem Stockmaß messen, wenn das Pferd mit allen vier Beinen „fest" auf dem Boden steht.

Du kannst auch einfach einen Zoll-stock nehmen: Stelle ihn senkrecht auf den Boden und miss bis zum Widerrist. Bei einem beschlagenen Pferd musst du einen Zentimeter abziehen.

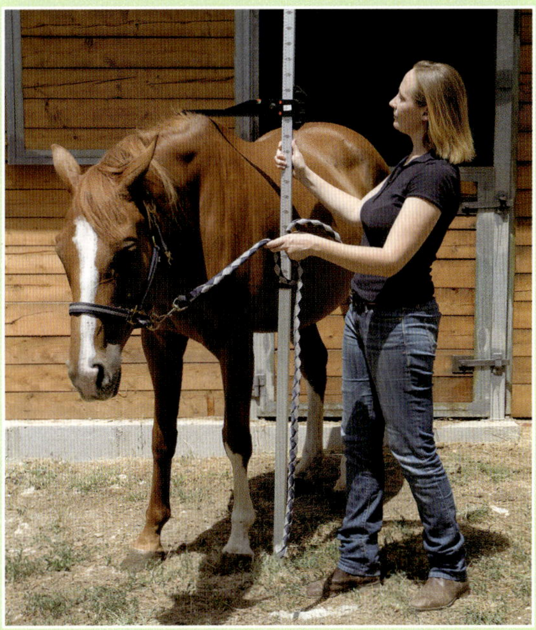

Die Verfasserin mit White Line, ihrer Englischen Vollblutstute

Der Kopf

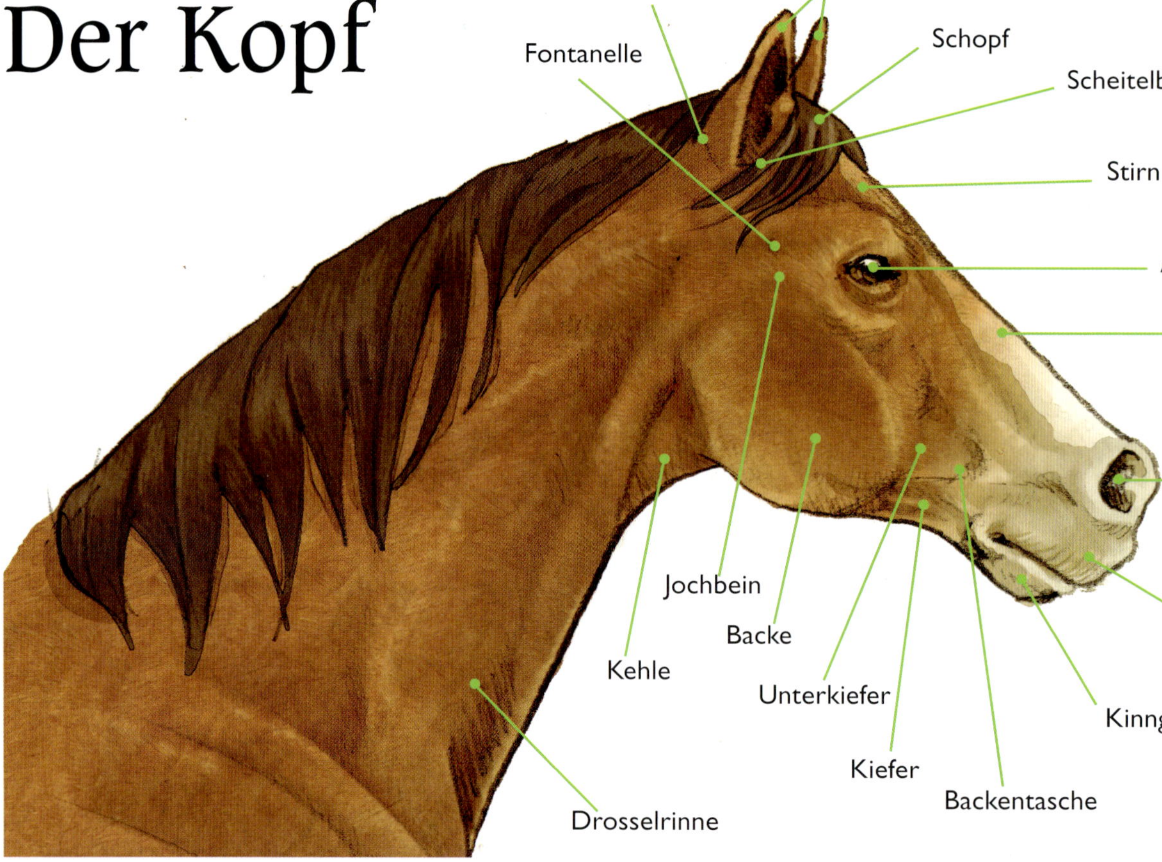

Jahrtausendelang mussten Pferde beim Grasen auf den offenen Weiten ständig fluchtbereit sei um ihren natürlichen Feinden zu entkommen. Entsprechend passten sich auch ihre Körpe formen an: Im Laufe der Evolution entwickelte sich ein Skelett, mit dem sie schnell laufe konnten, und ihr Sehvermögen sowie ihr Gehör- und Geruchssinn verbesserten sich. Vermeid schnelle Bewegungen, wenn du bei deinem Pferd bist, werde nie laut, sondern sprich ganz ruhi mit ihm. Dann gewöhnt es sich an deine Stimme und vertraut dir.

Die Ohren

Die Ohren des Pferdes verraten, in welcher Stimmung es gerade ist und worauf es sich gera de konzentriert. Ohren gespitzt und nach vorn gerichtet bedeutet: Es wartet ab, was als Nächs tes passiert, und konzentriert sich (1).

Seitlich gerichtet bedeutet: Es hört dir zu oder versucht, einen Befehl zu verstehen, den du ihm mit der Stimme oder über Körpersprache vom Boden oder Sattel aus gibst (2).

Flach nach hinten angelegt bedeutet: Es ärgert sich über irgendetwas und ist nervös oder erschrocken. Vorsicht – es könnte beißen oder ausschlagen (3).

Die Nüstern

Wenn sich zwei Pferde zum ersten Mal begegnen, beschnuppern sie sich erst einmal Nase an Nase. Du wirst sehen, dass es auch an dir schnuppert, sobald du in seine Nähe kommst. Das ist seine Art, deine Bekanntschaft zu machen. Anhand des Geruchs können die Pferde auch Orte wiedererkennen und Gefahr wittern.

Durch die Nüstern gibt das Pferd Laute von sich. In dieser Sprache kommuniziert es mit seinen Artgenossen und mit dir und gibt seine Gemütslage zu erkennen. Da das Pferd tief durch die Nase atmet, sind seine Nüstern auch besonders groß.

Die Augen

Pferde mustern uns mit lebhaftem, tiefgründigem Blick. Ihre Augen sind doppelt so groß wie unsere. Meistens sind sie sehr dunkel, aber gelegentlich kommen auch himmelblaue Augen vor.

Die Augen sitzen seitlich am Kopf, damit umfasst das Gesichtsfeld des Pferdes etwa 300 Grad. Nur die Bereiche unmittelbar vor und hinter dem Pferd liegen im toten Winkel. Darum solltest du dein Pferd auch nie plötzlich von hinten anfassen: Es sieht nicht, wer es ist, und weiß daher nicht, was es zu erwarten hat, und erschrickt: Instinktiv könnte es sich verteidigen wollen und kräftig ausschlagen! „Warne" dein Pferd immer vor, wenn du dich näherst: Leises Reden genügt schon.

Pferde können auch im Dunkeln gut sehen. Diese Fähigkeit haben sie in der Zeit erworben, als sie nachts fressen mussten, weil ihnen dann weniger Gefahr von wilden Tieren drohte.

Das Skelett

Das Skelett des Pferdes hat sich aufgrund seiner Gewohnheiten und äußerer Notwendigkeiten so entwickelt, dass es innerhalb kürzester Zeit eine hohe Geschwindigkeit erreichen kann, um seinen natürlichen Feinden zu entkommen.

Außerdem wurde der Bewegungsapparat durch die Arbeiten geprägt die die Tiere nach ihrer Domestikation verrichten mussten. So haben Zug pferde starke Knochen zur Unterstützung ihrer großen Muskelmasser einen kräftigen Rücken und einen kurzen, stämmigen Hals entwickelt Das erlaubte ihnen allerhöchste Kraftanstrengung, wenn sie schwer Lasten ziehen mussten.

Im Gegensatz dazu hat ein Rennpferd lange, dünne Knochen, ur eine möglichst hohe Geschwindigkeit erreichen zu können.

DIE HÄUFIGSTEN FEHLSTELLUNGEN

Bei einem Pferd muss man unbedingt auf eine möglichst korrekte „Senkrechtstellung“ der Beine achten. Die Senkrechte stellt eine gedachte Ideallinie dar, die von der Beinmitte aus lotrecht nach unten verläuft.

Wichtig ist es auch, Problemen mit den Füßen vorzubeugen. Eine Redensart besagt: „Kein Strahl, kein Huf – kein Huf, kein Pferd!“ Noch knapper formulieren es die Engländer: „No foot, no horse!“

Ein Pferd mit einem besonders langen „Senkrücken“ (man nennt das auch „eingesattelt“) ist anfälliger für Kreuzschmerzen.

Der Hals muss eine ausgewogene Form haben, er darf weder zu massig noch zu dünn oder kurz sein. Der sogenannte Hirschhals, bei dem die untere Partie zu stark und die obere zu schwach bemuskelt ist, wirkt sich negativ auf die Kopfhaltung aus und kann zu Beschwerden in Muskeln und Knochen führen.

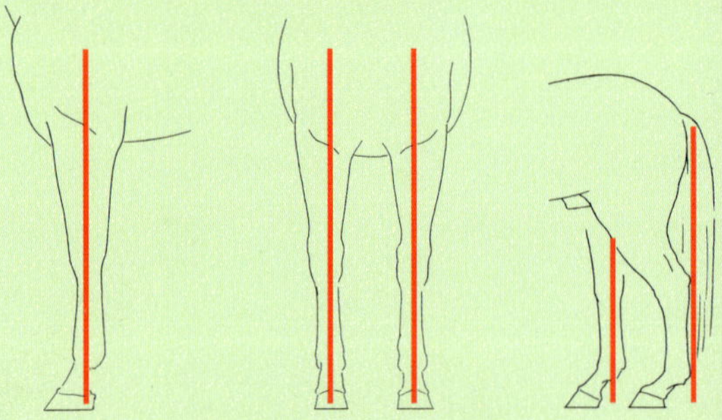

Die richtige Beinstellung

Gliedmaßenknochen bei Mensch und Pferd im Vergleich. Die Farbe der Einzelteile zeigt den Unterschied zwischen dem Körperbau von Zwei- und Vierbeinern.

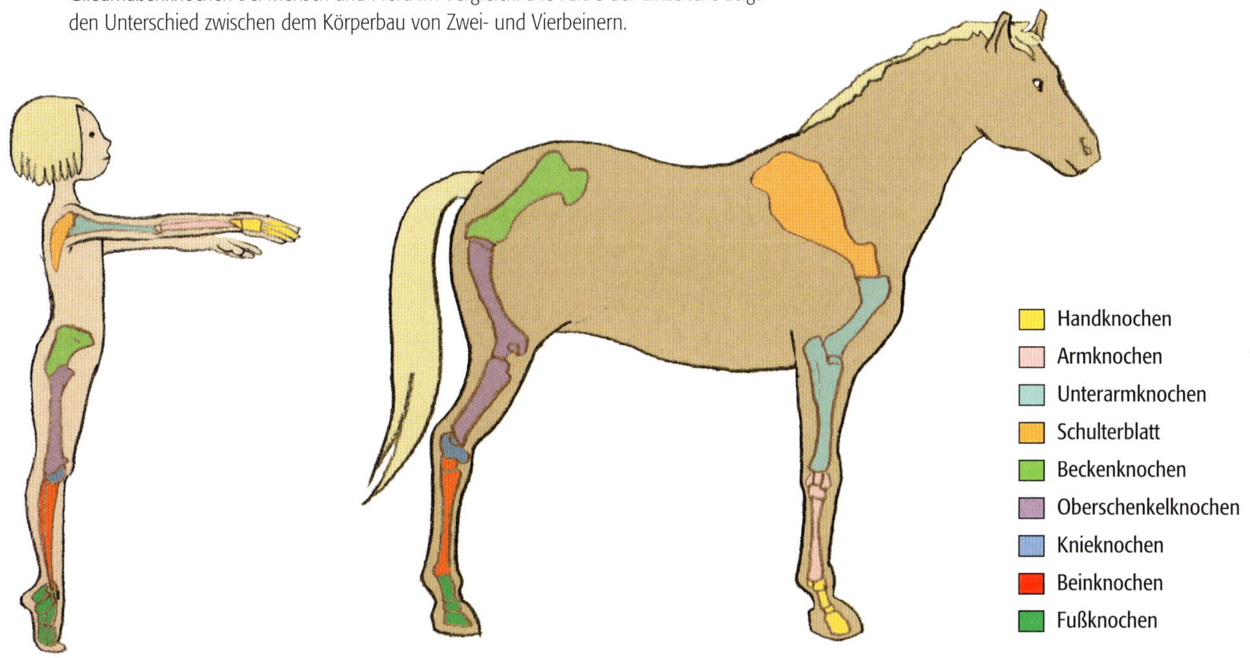

in gutes Exterieur ist wichtig für das Pferd; dabei geht es nicht um Schönheit, sondern um ie richtigen Proportionen des Skelettaufbaus, denn bestimmte Teile des Körpers müssen xtremen Belastungen standhalten.

Ein Pferd, das nicht wohlproportioniert ist, ist anfälliger für Schmerzen, die sein körper-ches und seelisches Gleichgewicht stören.

Farben für jeden Geschmack!

Pferde haben verschiedene Fellfarben. Alle Pferdehaare zusammen bilden das Deckhaar od
Fell. Es gibt sehr viele Farbkombinationen. Für manche Rassen gelten typische Fellfarben, d
Abweichungen ausschließen. Wird dann ein Fohlen mit einer anderen als einer der zulässig
Fellfarben geboren, darf es nicht ins offizielle Abstammungsregister aufgenommen werden.

Hauptfarben

Schimmel: Deckhaar schwarz, mit weißen und schwarzen Haaren. Schimmel werden dunk
geboren. Die sogenannten veränderlichen Schimmel werden mit der Zeit ganz weiß, die unve
änderlichen behalten ihre Farbe.

Schimmel

Brauner

Fuchs

Rappe

Schimmel

Brauner

Fuchs

Rappe

RAUNER: Schweif, ähne und Glieder nd dunkel. (Sie ınnen aber weiße bzeichen an Kopf ıd Beinen haben.) ie rotbraune Fell-ırbe kann von Hell zu Dunkel variieren, je nach Anteil der rötlichen Haare.

UCHS: Rötliche Haare mit verschiedenen möglichen Schattierungen von Goldgelb bis Rot. Mähne ıd Langhaar haben dieselbe Farbe oder eine etwas hellere Nuance. Von einem Kohlfuchs spricht an, wenn das Fell so dunkel ist, dass das Rot schon fast ins Auberginefarbene und Schwarze geht.

APPE: Deckhaar und alle Haare am Körper sind schwarz.

ndere Fellfarben

LBINO: Weiße Haare auf weißem Deckhaar. Albino ist auch eine Rasse.

PPALOOSA: Dunkle Flecken auf weißem Grund oder umgekehrt. Es gibt verschiedene Arten von

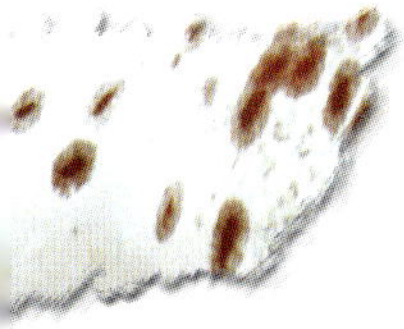
Appaloosa

Palomino

Schecke

Falbe oder Isabelle

Fuchsschimmel (stichelhaarig)

ppaloosa-Fell, die du sicher schon aus vielen Western kennst. Appaloosa ist ıch eine Rasse, die aus Amerika stammt.

CHECKE ODER BRAUNBUNTER (auch **PINTO** oder **PAINT**): Auch dieses Fell t typisch für eine Rasse des amerikanischen Kontinents, doch die ınklen Flecken sind gleichmäßiger. Ein Braunbunter kann weiß und hwarz oder weiß und braun sein. Pinto ist auch eine Rasse.

ALBE ODER ISABELLE: Deckhaar gelblich-cremefarben und schwarz, ähne und Schweif schwarz.

UCHSSCHIMMEL (STICHELHAARIG): Rote und weiße Haare an Körper, Schweif ıd Mähne und schwarze Gliedmaßen.

LAUSCHIMMEL (STICHELHAARIG): Auf schwarzem Grund sporadischer 'uchs weißer Haare, die das Fell bläulich schimmern lassen.

Albino

Falbe oder Isabelle

Palomino

PALOMINO: Goldenes Fell und Schweif und Mähne fast weiß. Palomino ist eine eigene Rasse.

Die Abzeichen

Stern | halbe schmale Blesse | schmale Blesse | Milchmaul | breite Blesse

Pferde unterscheiden sich voneinander durch zahlreiche besondere Fellzeichnungen, die meh oder weniger gut erkennbar sind. Pferdezüchterverbände stellen Pferden aus verschiedene Gründen (Gesundheit, Teilnahme an Rennen, Zucht usw.) einen sogenannten Pferde- oder Equ denpass aus, in dem ihre unveränderlichen Kennzeichen genau beschrieben sind. Dazu ge hören auch die weißen Abzeichen am Kopf oder an den Beinen.

Heutzutage bekommen neugeborene Fohlen einen Transponder in den Hals implantier Das ist ein Mikrochip mit einer Codenummer, die zusammen mit dem Pferde- oder Equide pass als Abstammungsnachweis gilt.

weiße Krone

Die häufigsten Abzeichen am Kopf

Stern: Unregelmäßiger Fleck auf der Stirn.

Halbe schmale Blesse: Strich von der Stirn bis oberhalb der Nase.

Schmale Blesse: Strich von der Stirn bis über die Nüstern und Lippen.

Milchmaul: Wie der Name vermuten lässt, sind Nüstern und Maul weiß wie Milch.

Breite Blesse: Weiße Haare auch auf den Kiefern.

weiß

Die Abzeichen am Bein

Die Abzeichen an den Beinen können an jedem Bein verschieden hoch sein, nur wenige Zentimeter oder entlang der gesamten Beinlänge, von einer schmalen **weißen Krone** über dem Huf über den **weißen Fuß** bis zum **hochweißen Bein**. Bei Letzterem kann auch der Huf weiß oder gestreift sein.

ie drei häufigsten Abzeichen an den Beinen sind:

EISSE KRONE: Kleine weiße Stelle dort, wo der Huf endet. Bildet keinen eschlossenen Ring um den Fuß.

EISSER FUSS (ODER STIEFEL): Bedeckt das ganze Bein gleichmäßig und ngsum und kann bis unter das Knie reichen.

EISSER STRUMPF: Reicht über das Knie hinaus.

Zebrastreifen

ndere Fellzeichnungen und Merkmale

EBRASTREIFEN: Zebrastreifen erinnern an die gemeinsame Herkunft on Pferd und Zebra. Sie finden sich vor allem bei den alten Rassen, B. beim Highland-Pony, beim Fjord- und beim Przewalski-Pferd. Diese Zeichen ienten den Pferden in den Wäldern als Tarnung.

ALSTRICH: Das ist ein dunkler Streifen, der sich vom Schweif bis zum Widerrist über en Pferderücken zieht. Wie der Zebrastreifen kommt er in den sehr alten Rassen vor.

ELLWIRBEL: Richtungsänderungen im Fell, die ein Leben lang bleiben. Ähnlich ie Wirbel im menschlichen Haar.

Kastanie

ASTANIE: Sie ist Überbleibsel eines vierten Zehs, wie ihn das Urpferd hatte. Sie ilt zwar nicht als unveränderliches Kennzeichen, entspricht aber gewissermaßen em menschlichen Fingerabdruck. Keine Kastanie beim Pferd gleicht einer anderen.

Was ist eine Rasse?

Unter einer Rasse versteht man Pferde oder Ponys, die bestimmte erbliche körperliche Merkmale (Exterieur, Fellfarbe, Größe usw.) und Charaktereigenschaften gemeinsam haben.

Die Idee, Pferde in bestimmte Rassen aufzuteilen, ist noch gar nicht so alt. Im Altertum züchtete man Pferde mit der Absicht ihre Leistungsfähigkeit zu steigern. Man kreuzte tüchtige, robuste Pferde miteinander, wobei der Stammbaum jedoch kaum eine Rolle spielte.

Dann begann der Mensch allmählich besonderen Wert auf Ästhetik zu legen und bestimmte Vorlieben für bestimmte Gruppen zu entwickeln. Damit begann man auch in Registern die Abstammung der Pferde festzuhalten und die Zucht mit den registrierten Pferden ganz genau zu regeln. Es gibt nur wenige Stammbücher, die älter als 100 Jahre sind, darunter jene vom Araberpferd und vom Englischen Vollblut.

Man spricht also von einer Rasse, wenn diese in einem Register oder Stutbuch erfasst ist. Die Register können aufgrund strenger Normen, die den Zugang regeln, geöffnet oder geschlossen werden.

Die wichtigsten Stammväter der modernen Rassen sind das Araberpferd, der Berber und der Andalusier.

Pferde-„Typen“

Man unterteilt Pferde aber nicht nur in Rassen, sondern unterscheidet auch nach Typen, die sich nach ihrem Verwendungszweck richten. Diese Typen können mehrere Rassen umfassen.

Am weitesten verbreitet sind die Polo-Ponys (siehe Seite 120) und die Zug- und Kutsch- sowie Showponys (Schönheitswettbewerbe). Außerdem gibt es die englischen Hunter, eine spezielle Züchtung für die Jagd (siehe Seite 125), und Cobs, robuste Pferde mit starken Beinen, deren Stockmaß 155 cm nicht übersteigt. Sie werden sehr vielseitig eingesetzt (Schönheitswettbewerbe, Fahrsport, Springreiten, Cross Country usw.).

Warm-, Kalt- und Halbblüter

Pferde unterteilt man in **Warmblut**, **Kaltblut** und **Halbblut**.

Diese Bezeichnungen haben allerdings nichts mit der jeweiligen Temperatur des Blutes, sondern mit der geografischen Herkunft zu tun. Die Warmblüter kommen ursprünglich aus heißen Regionen wie dem Vorderen Orient und Nordafrika, wo das trockene Klima und die Futterknappheit edle, anmutige, elegante und schnelle Pferde wie den Vollblut-Araber hervorbrachten.

Heimat der Kaltblutrassen sind dagegen kalte Regionen wie Nordeuropa, wo sich aufgrund des kalten, feuchten Klimas und der vielen üppigen Weiden starke, große Pferderassen wie das Suffolk und das Shire Horse herausbildeten.

Die Halbblutrassen sind das Ergebnis der Einkreuzungen von Warm- und Kaltblütern. Die meisten Pferde- und Ponyrassen auf der ganzen Welt fallen in diese dritte Kategorie.

SYMBOLE auf den SCHAUTAFELN

Auf den folgenden Seiten findest du die „Steckbriefe" der wichtigsten Pferde- und Ponyrassen und ganz oben rechts Symbole im grünen Kreis. Sie bedeuten:

Mögliche FELLFARBEN

ARABISCHES VOLLBLUT

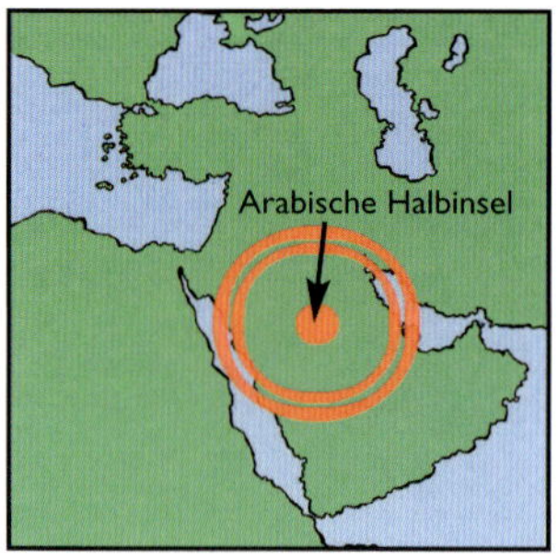

Araber sind die älteste Pferderasse mit einem Stammbuch. Dieses vollendete Vollblutpferd ist der wichtigste Stammvater fast aller existierenden Rassen: Im 7. Jahrhundert verbreitete es sich unter Mohammed auf der damals bekannten Welt, wo man es mit sehr vielen Pferden kreuzte.

HERKUNFT: Arabische Halbinsel
STOCKMASS: 145–155 cm
EINSATZ: Rennen, Reiten
FARBEN: Vor allem Schimmel, aber auch Brauner, Rappe und Fuchs

Noch heute verwendet man das Arabische Vollblut zum Veredeln bereits vorhandener Rassen. Im Altertum wurde es von den Beduinen gezüchtet, die es „Wüstenpferd“ nannten. Der Araber ist schnell und widerstandsfähig, hat einen temperamentvollen und dabei freundlichen und mutigen Charakter. Der Kopf ist bildschön, fein gezeichnet, charakteristisch mit leicht fliehender Stirn und großen, ausdrucksvollen Augen. Der Hals ist harmonisch und elegant gewölbt, der Schweif wird besonders hoch getragen. Der Araber ist Ursprung der Englischen Vollblutrasse.
Heute ist das Araberpferd wegen seiner sprichwörtlichen Widerstandsfähigkeit besonders bei Distanzreitern beliebt.

MÖGLICHE FELLFARBEN:

BERBER

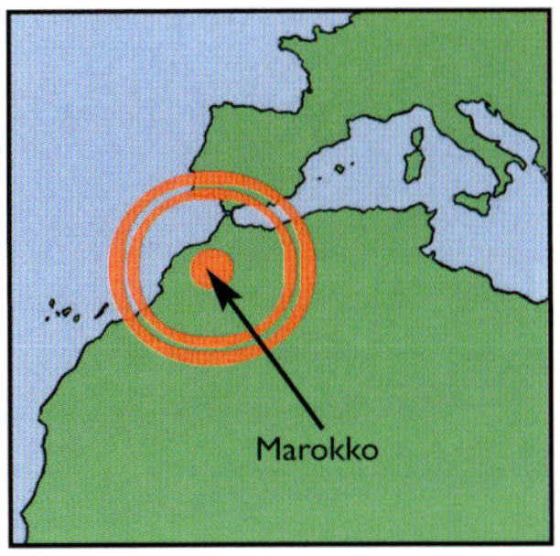

Der Name Berber leitet sich ab von „Pferd der Barbaren“, denn es wurde von afrikanischen Völkern fernab vom Einfluss der alten Römer gezüchtet. Der Berber, ein Warmblut, ist neben dem Araber Stammvater des Englischen Vollbluts. Im 8. Jahrhundert kam dieses Pferd mit der Eroberung Spaniens nach Europa, prägte nachhaltig die Merkmale der spanischen Rassen und gab dem Andalusier sein typisches Aussehen.

HERKUNFT: Marokko
STOCKMASS: ca. 152 cm
EINSATZ: Reiten
FARBEN: Meist Schimmel, aber auch andere Unifarben (Brauner, Rappe, Fuchs)

Nicht so edel wie der Araber, unterscheidet sich der Berber von jenem vor allem durch die geramste (d. h. widderartige) Kopfform mit ziemlich platter Nase. Er ist ein sehr genügsames Pferd, braucht wenig Futter und kann lange durchhalten, ohne etwas zu trinken. Er ist schnell, von lebhaftem Temperament, aber auch sehr großmütig.

MÖGLICHE FELLFARBEN:

ENGLISCHES VOLLBLUT

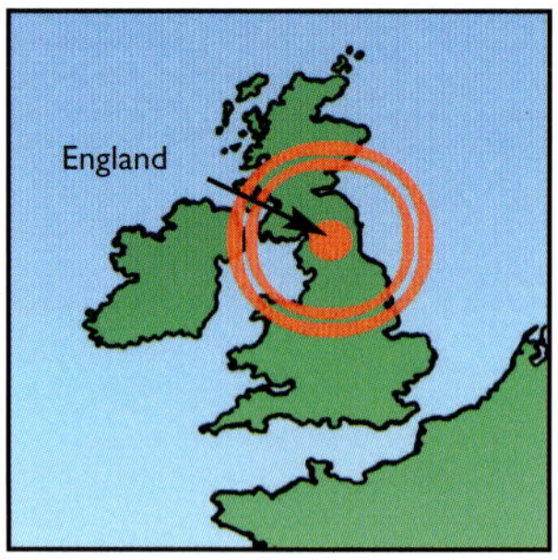

Das Englische Vollblut, ein Warmblut, das von den Arabern und Berbern abstammt, entstand als Rasse zwischen dem ausgehenden 17. und dem beginnenden 18. Jahrhundert, als die wachsende Leidenschaft für den Rennsport den englischen König Karl II. dazu bewog, die Suche nach immer schnelleren Pferden voranzutreiben. Daher selektierte man 50 englische Zuchtstuten, die schon Rennen gelaufen waren, und kreuzte sie mit drei orientalischen Hengsten, den Arabern Byerly Turk und Darley Arabian sowie Godolphin Barb (vermutlich ein Berber). Seitdem kommt das Englische Vollblut vorwiegend bei Galopprennen zum Einsatz, eignet sich aber auch ideal als Reitpferd. Es hat einen temperamentvollen Charakter. Wenn es nicht wie auf der Rennbahn hochgradig erregt ist, kann es vielseitig eingesetzt werden. Aus der Veredelung sehr vieler Rassen durch Einkreuzung mit dem Araber entstand die Rasse der Anglo-Araber. Ihr Exterieur ist schlank und elegant, der Kopf klein, das Deckhaar kurz und glatt, die Extremitäten sind dünn und beweglich.

HERKUNFT: England
STOCKMASS: ca. 160 cm
EINSATZ: Rennen, Reiten
FARBEN: Alle Unifarben (Brauner, Rappe, Fuchs)

MÖGLICHE FELLFARBEN:

REINRASSIGER SPANIER

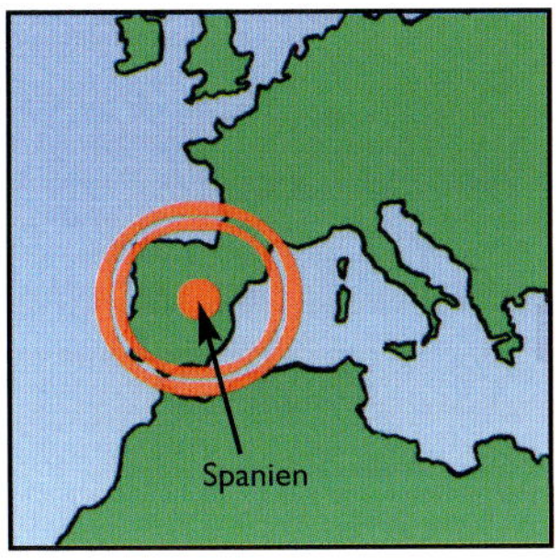

HERKUNFT: Spanien
STOCKMASS: ca. 152 cm
EINSATZ: Reiten, Kutsche und Hohe Schule
FARBEN: Brauner und Schimmel

Der Reinrassige Spanier, auch als Andalusier bekannt, ist ein Halbblutpferd, das auf die Einkreuzung aus dem Berber und der spanischen Rasse im 8. Jahrhundert zurückgeht. Die lange Tradition der Reitschulen, die in der Renaissance begann, gründet auf dieser Rasse, einem Pferd mit starker Ausstrahlung und ausgeglichenem, energischem Charakter, agil und athletisch. Der Kopf hat ein edles, geramstes Profil. Schopf und Mähne sind fließend und oft wellig. Das von Adeligen und Heerführern wegen seiner unvergleichlichen Eleganz hochgeschätzte Pferd wurde in zahllosen Kunstwerken dargestellt. Die Rassen im Nachbarland Portugal, beispielsweise das Lusitano-Pferd und der Altér Real, ähneln dem Andalusier sowohl in ihren schönen harmonischen Formen als auch in der Bereitschaft, die eleganten Schritte der Hohen Schule zu lernen. In Portugal setzt man den Lusitano im berittenen Stierkampf ein, einem Schauspiel, bei dem Ross und Reiter mit Bravour und unvergleichlicher Eleganz begeistern.

MÖGLICHE FELLFARBEN:

ANGLO-ARABER

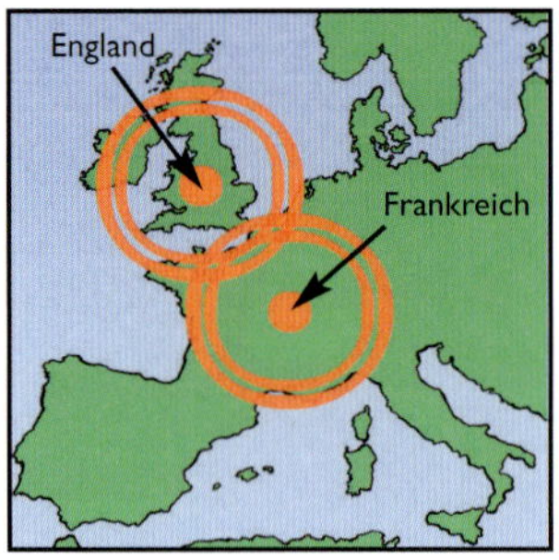

Der Anglo-Araber, eine Warmblutrasse, kommt aus England und ist aus einer Kreuzung zwischen dem Arabischen Vollblut und seinem Nachkommen, dem Englischen Vollblut, entstanden. Diese neue Rasse sollte das Beste aus beiden in sich vereinen, die Zähigkeit des Arabers und die Schnelligkeit des Englischen Vollbluts. Im 19. Jahrhundert wurde die Rasse in Frankreich perfektioniert, als Napoleon mit der Selektion von besonders schönen und robusten Exemplaren eine Zucht für seine Truppen, aber auch zum Reiten und für die Rennbahn begründete.

HERKUNFT: England und Frankreich
STOCKMASS: ca. 160 cm
EINSATZ: Reiten, Springen
FARBEN: Brauner, Fuchs, selten Schimmel

Anglo-Araber eignen sich gut für den Springsport und sind ideale Reitpferde. In Italien, besonders auf Sardinien, war der Anglo-Araber Stammvater der erlesenen Zucht des **Sardischen Pferds** (auch Sardischer Anglo-Araber genannt). Anglo-Araber und Sardische Anglo-Araber eignen sich für alle Reitsportarten.

MÖGLICHE FELLFARBEN:

ACHAL-TEKKINER

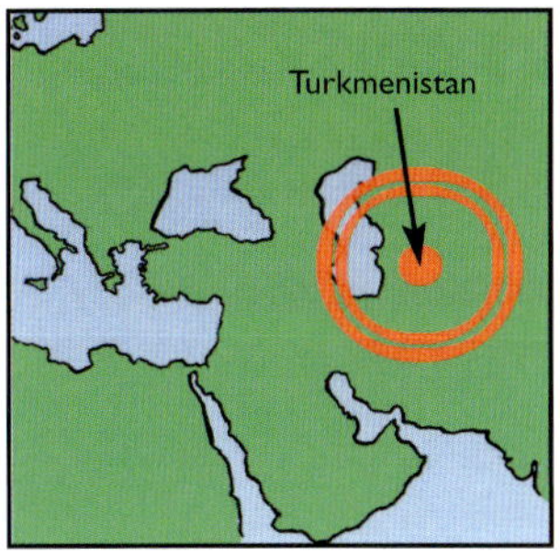

Der Achal-Tekkiner, ein Warmblüter, zählt zu den ältesten Rassen der Welt. Er stammt von den Pferden in Zentralasien ab. Nach Marco Polo war der Stammvater dieser Rasse Bukephalos, der berühmte Hengst Alexanders des Großen, der um 330 v. Chr. lebte. Ans Wüstenklima gewöhnt, wurde er in der Nähe der Oasen der Karakum-Wüste in Turkmenistan gezüchtet. In der Vergangenheit kam dieses Pferd nur selten mit anderen Rassen in Berührung. Der Körper ist hochgewachsen und die Haut dünn. Der kleine Kopf, der leichte Hals und die langen, widerstandsfähigen Beine machen ihn harmonisch, leicht und sehr beweglich. Achal-Tekkiner sind mutig und lebhaft und haben mitunter einen etwas schwierigen Charakter. Sie eignen sich auch zum Spring- und Dressurreiten, werden jedoch überwiegend in Langstreckenrennen eingesetzt. Der Achal-Tekkiner ist auch für sein golden schimmerndes Fell berühmt.

HERKUNFT: Turkmenistan
STOCKMASS: ca. 152 cm
EINSATZ: Rennen, Reiten
FARBEN: Fuchs mit charakteristischem Goldschimmer

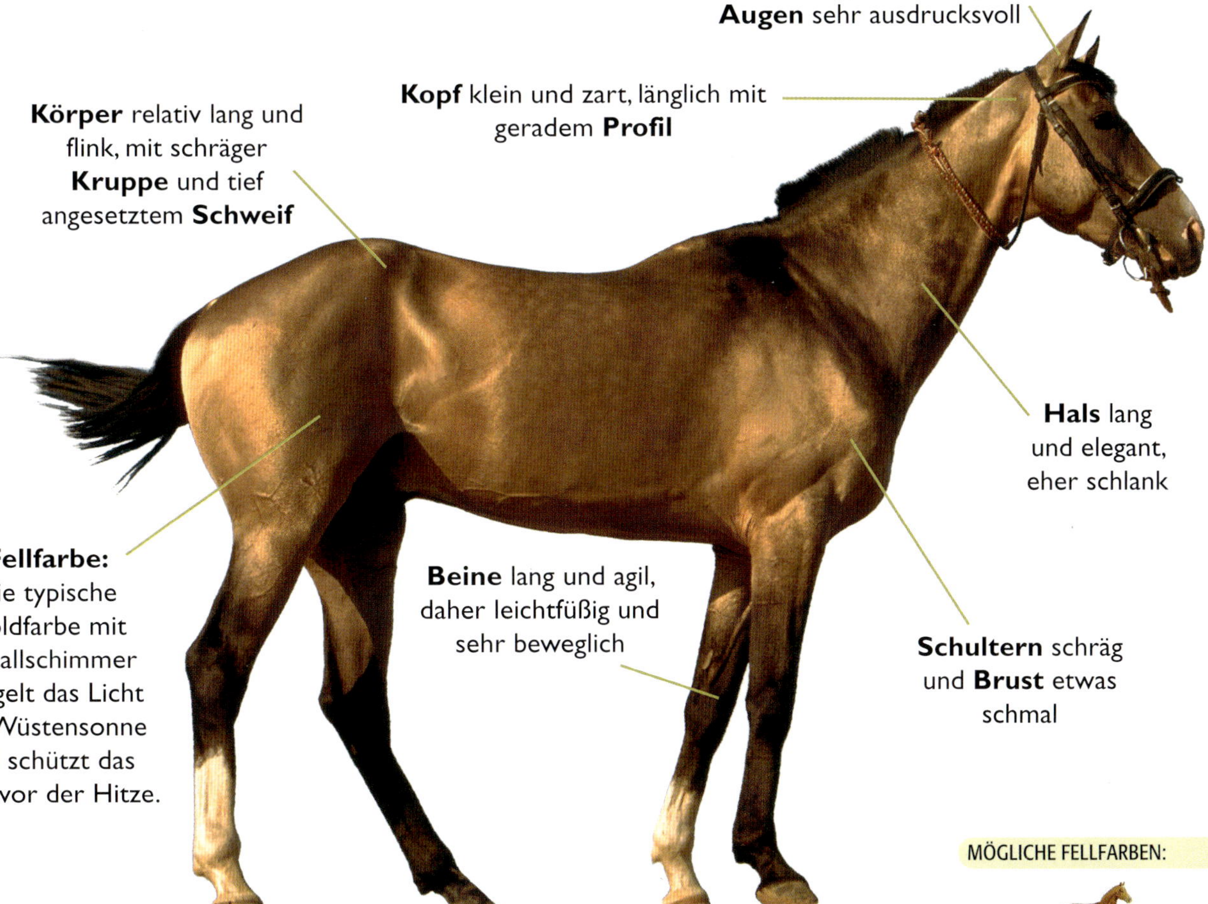

MÖGLICHE FELLFARBEN:

LIPIZZANER

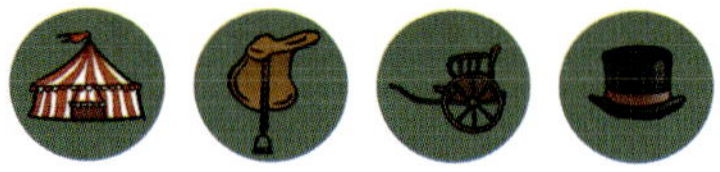

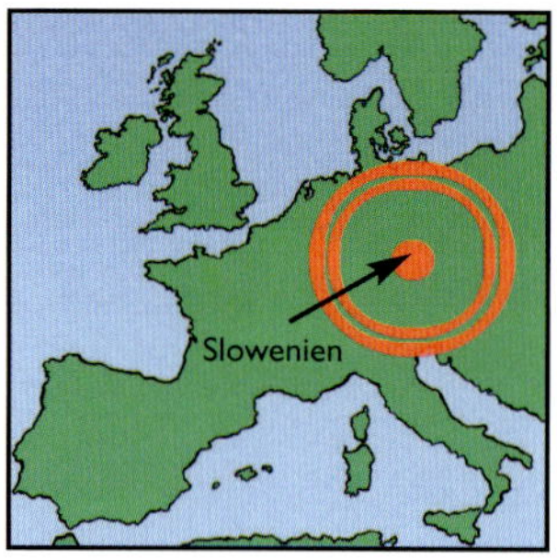

Lipizzaner werden seit 1580 in Lipizza (Slowenien) gezüchtet. Diese Halbblutrasse ähnelt sehr stark den Reinrassigen Spanischen Pferden, von denen sie abstammt: Ende des 17. Jahrhunderts wurden verschiedene andalusische Hengste nach Österreich gebracht, wo sie mit einheimischen Stuten eingekreuzt wurden. Im Jahr 1729 begründete Karl VII., der Kaiser des Heiligen Römischen Reiches, mit dieser Rasse die Hofreitschule in Wien, damals Spanische Reitschule genannt. Noch heute begeistern die Lippizaner der Wiener Hofreitschule mit eindrucksvollen Darbietungen der Hohen Schule. Ein robustes Pferd mit nicht besonders schlanken, aber muskulösen und kräftigen Beinen, die hervorragend geeignet sind für die Gymnastik, die man ihm aufzwingt. Die Halslänge ist enorm, aber elegant. Der Lipizzaner ist sehr fügsam, gelehrig und intelligent, energisch und ausgeglichen.

HERKUNFT: Slowenien
STOCKMASS: 152–163 cm
EINSATZ: Zirkus, Reiten, leichtes Zugpferd, Hohe Schule
FARBEN: Schimmel

MÖGLICHE FELLFARBEN:

MAREMMA-PFERD

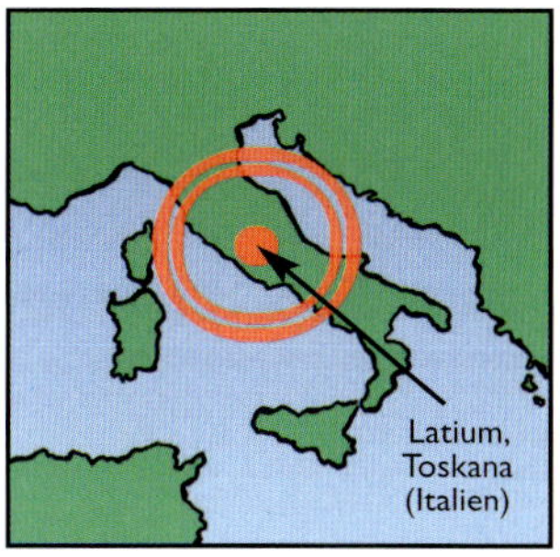

Die Halbblutrasse der Maremma-Pferde entstand bereits in vorrömischer Zeit. Ihre Heimat ist die mittelitalienische Landschaft Maremma, die ihr auch ihren Namen gab. In der Neuzeit entdeckte man die Rasse als Arbeitspferd, mit dem die *butteri* (die italienischen Cowboys) das Vieh in der Gegend von Maremma zusammentrieben, aber es kam auch im italienischen Heer zum Einsatz. Es ist widerstandsfähig und genügsam und hat bisweilen einen etwas eigenwilligen Charakter. Auch wenn die Züchtung dieser Rasse in jüngerer Zeit ein wenig vernachlässigt wurde, haben sich ihre spezifischen Merkmale durchaus erhalten.

Seit Beginn des 20. Jahrhunderts wurde das Maremma-Pferd mit dem Englischen Vollblut gekreuzt, um harmonischere Formen und ein stattlicheres Sportpferd zu erhalten.

HERKUNFT: Latium, Toskana (Italien)
STOCKMASS: ca. 157 cm
EINSATZ: Springen, Reiten, leichtes Zugpferd, Viehzucht, Landwirtschaft
FARBEN: Alle Unifarben (Brauner, Rappe, Fuchs)

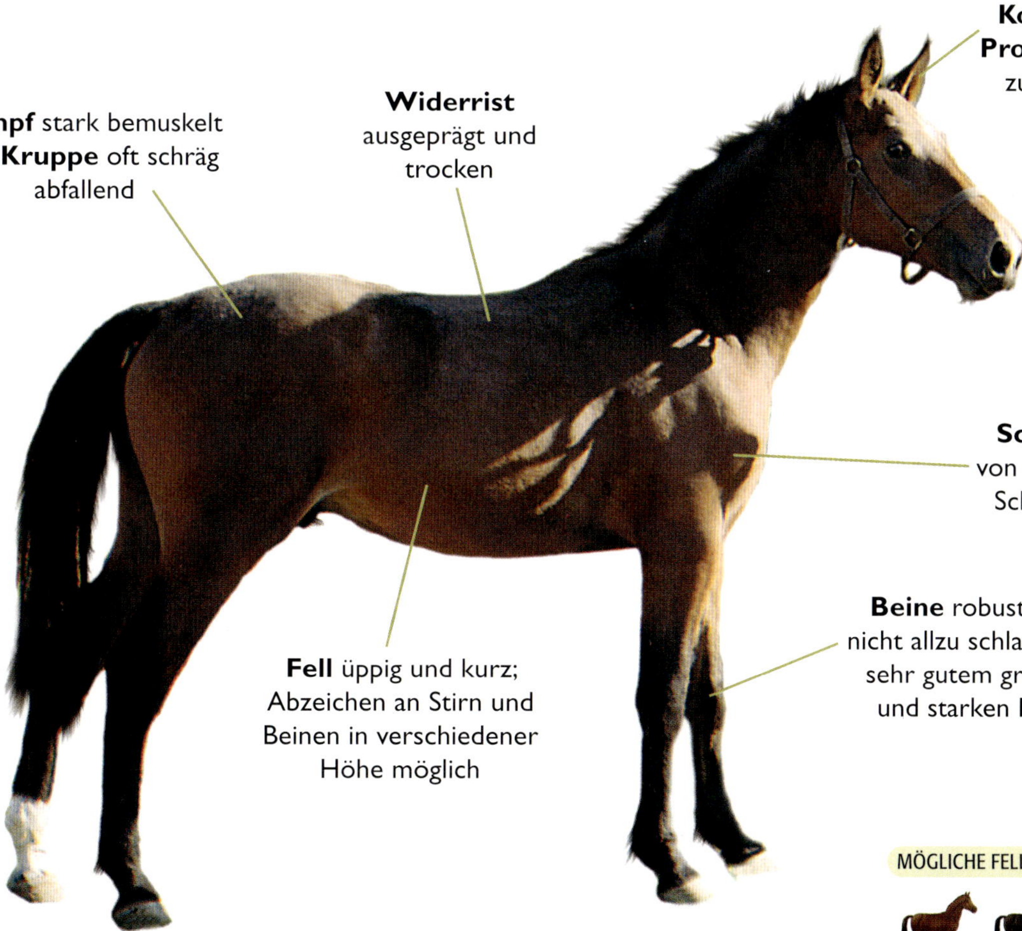

MÖGLICHE FELLFARBEN:

MURGESE

Die Halbblutrasse, über das gesamte 20. Jahrhundert hinweg häufig als leichtes Zugpferd verwendet, zeichnet sich aus durch ihre Robustheit und ihr glänzendes schwarzes Fell. Der Murgese ist genügsam, hat einen guten Charakter und ist sehr leistungsfähig. Er wird in der Murgia gezüchtet, einer hügeligen Region in Apulien, die reich an Wiesen und Wäldern ist. Robust und willig, kann sich der Murgese alter Ursprünge rühmen: Die Verwandtschaft zu den Spaniern ist offensichtlich. Er wird auch zum Einkreuzen mit leichteren Pferden verwendet, woraus sehr gut gebaute Reitpferde mit idealem Charakter hervorgehen. Der Murgese wird heute viel im Reitsporttourismus eingesetzt.

HERKUNFT: Italien (Murgia)
STOCKMASS: 150–160 cm
EINSATZ: Reiten, leichtes Zugpferd
FARBEN: Dunkelbrauner, Rappe

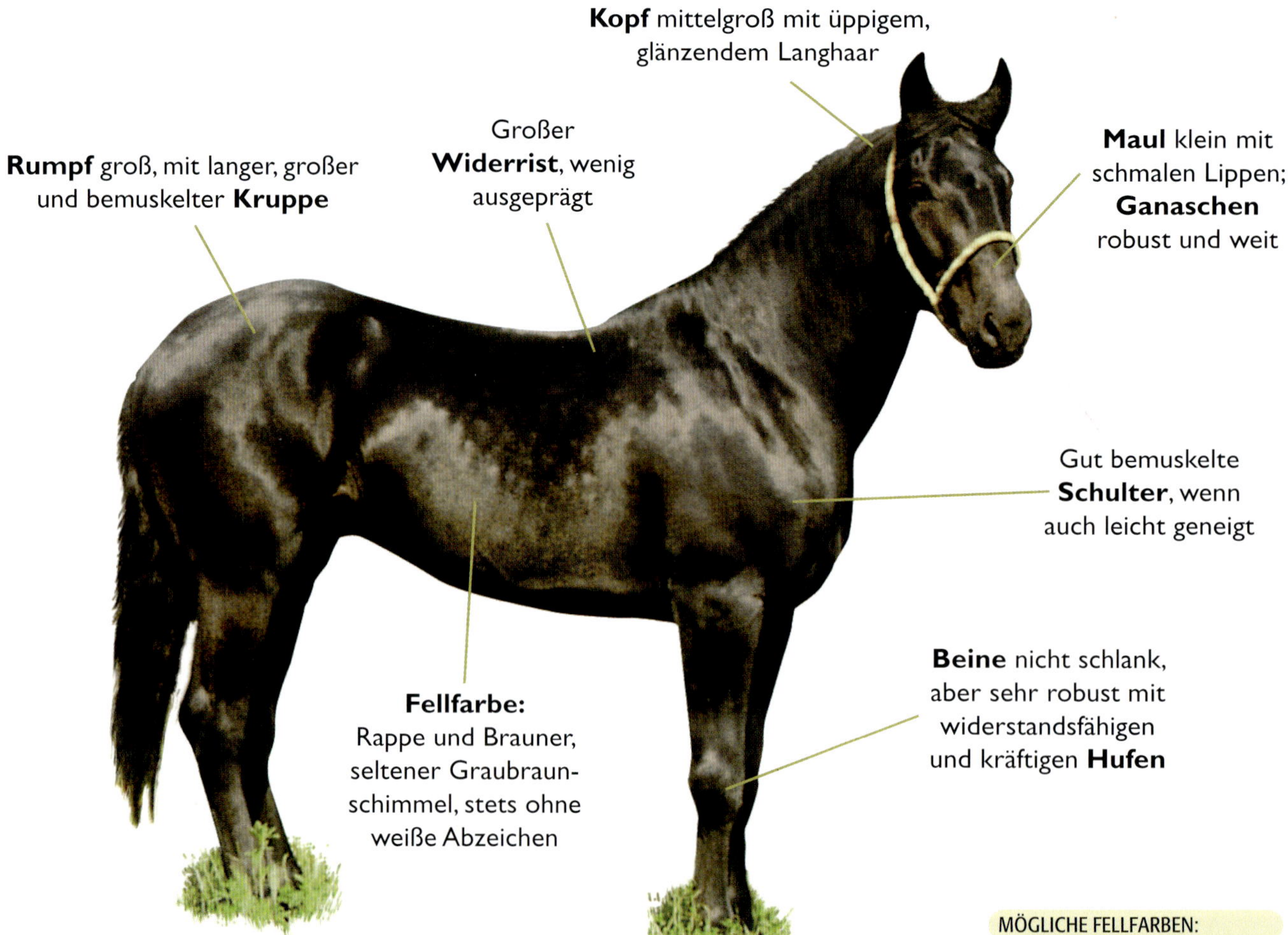

MÖGLICHE FELLFARBEN:

FRIESE

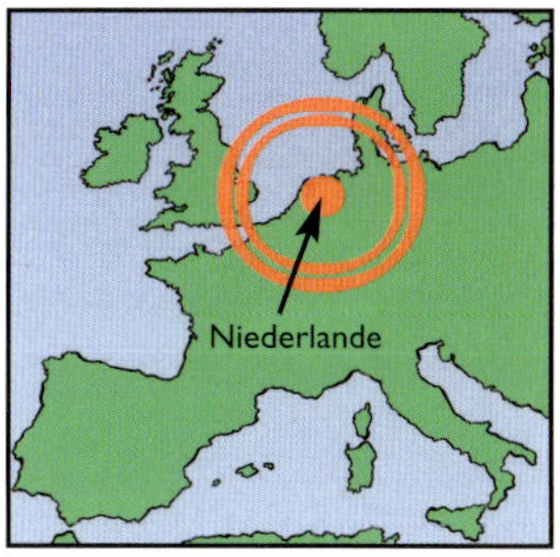

Der Friese ist eine alte Rasse, ein Kaltblüter aus der niederländischen Provinz Friesland. Schon die Kreuzfahrer ritten ihn, und bereits im Altertum veredelte man ihn mit spanischem und orientalischem Blut.

HERKUNFT: Niederlande
STOCKMASS: ca. 165 cm
EINSATZ: Reiten, Zirkus, Gespanne
FARBEN: Rappe

Im 19. Jahrhundert versuchte man, leichte Pferde für Trabrennen herauszuzüchten, doch später wurde der Friese wieder für die Feldarbeit und als Kutschpferd verwendet, und man versuchte, seine ursprünglichen Linien durch Einkreuzen mit den deutschen Oldenburgern zu rekonstruieren. Der Friese mit dem typischen schwarzen Fell und den runden und eleganten Formen hat ein sehr sanftes und freundliches Wesen. Man verwendet diese robusten und genügsamen Pferde gern für Gespanne und im Zirkus.

MÖGLICHE FELLFARBEN:

HANNOVERANER

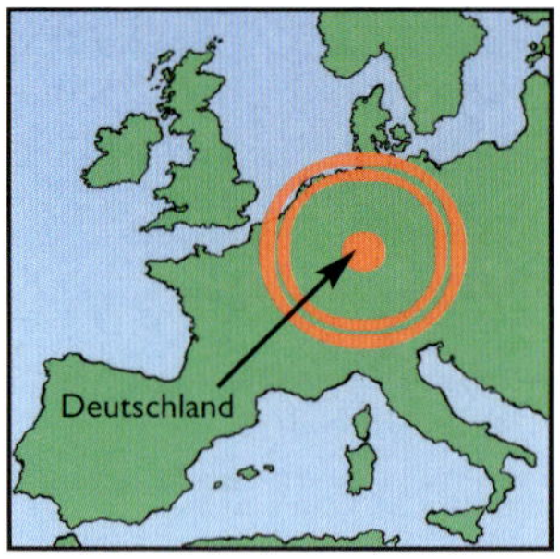

Der Hannoveraner, ein Warmblüter, ist ein hervorragendes deutsches Sportpferd, dank seiner elastischen Bewegungen vor allem zum Dressur- und Springreiten geeignet. Diese Rasse stammt von Holsteiner-Hengsten ab, die mit Zuchtstuten aus dem Gebiet um Hannover eingekreuzt wurden. Später wurde die Rasse mit dem Englischen Vollblut und dem Trakehner veredelt. Die Trakehner sind eine alte Kutschpferdrasse, in Polen gezüchtet und mit dem Englischen Vollblut und dem Araberpferd eingekreuzt. Sie stellten die Pferde für die mächtigen preußischen Kavallerien. Der Hannoveraner ist ein Pferd von robuster Struktur. Ein typisches Merkmal ist seine starke Hinterhand mit flacher Kruppe.

HERKUNFT: Deutschland
STOCKMASS: ca. 165 cm
EINSATZ: Reiten, Springen, Fahrsport
FARBEN: Alle Unifarben (Brauner, Rappe, Fuchs)

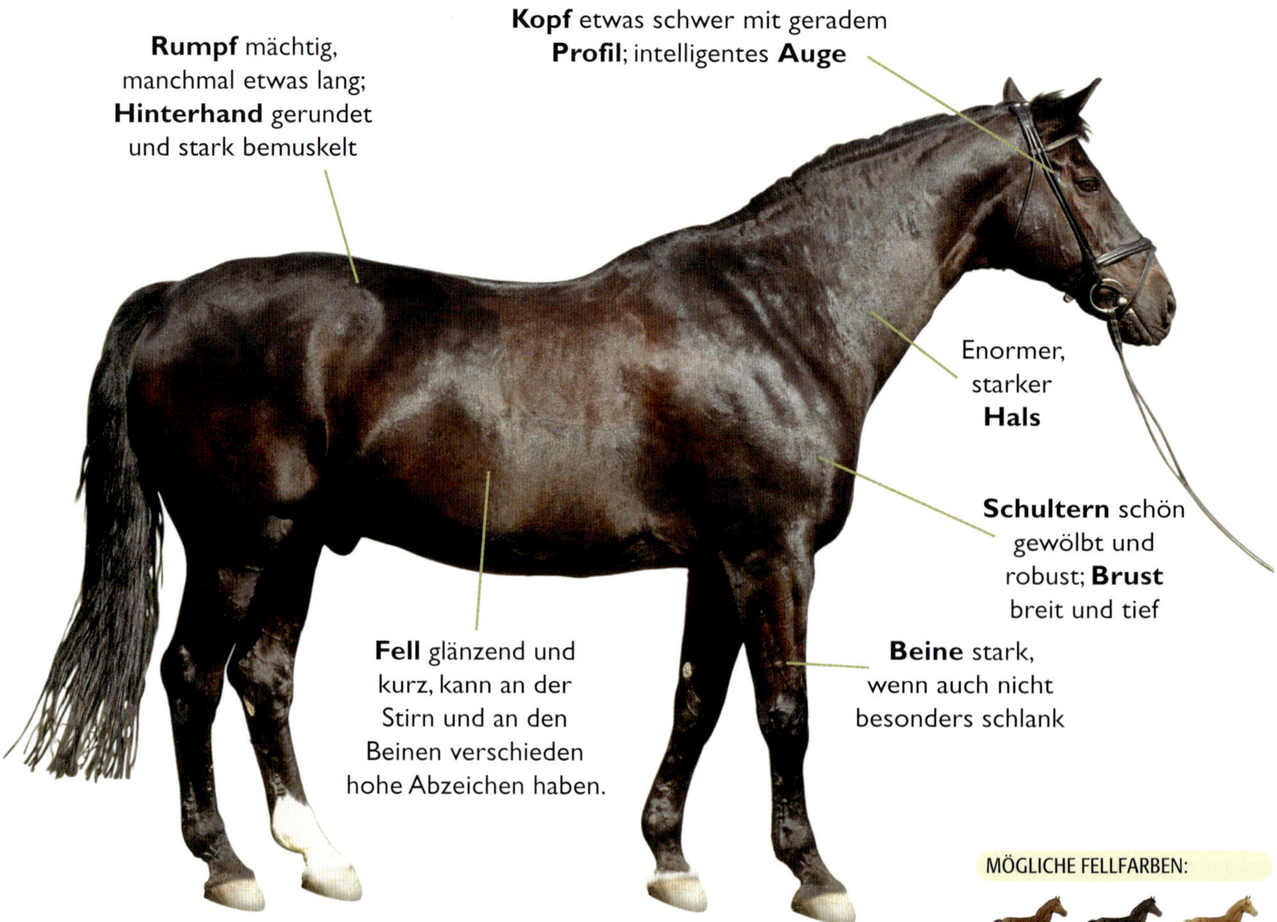

MÖGLICHE FELLFARBEN:

SELLE FRANÇAIS

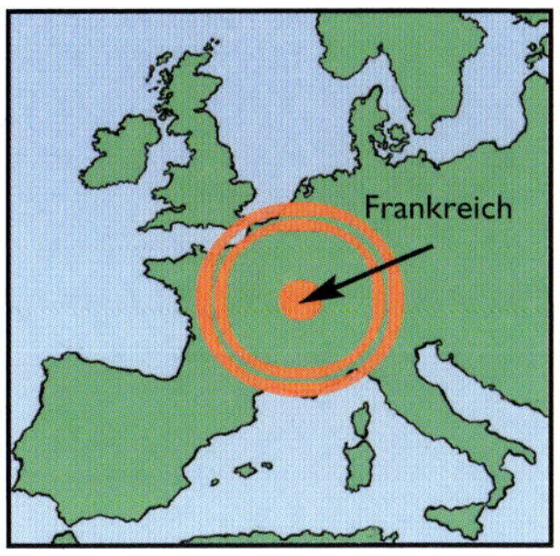

HERKUNFT: Frankreich
STOCKMASS: ca. 165 cm
EINSATZ: Reiten, Springen
FARBEN: Alle Einfarbigen (Brauner, Rappe, Fuchs)

Der Selle Français (auch Französisches Reitpferd) ist ein vielseitiges und widerstandsfähiges Warmblut, das für alle möglichen Turniere eingesetzt wird.
Er hat einen langen Stammbaum und steht am Ende einer Reihe von Einkreuzungen, mit denen die Franzosen ihn früher zunächst als schweres Zugpferd, dann als Kriegspferd, als leichtes Zugpferd und schließlich als Reitpferd züchteten. In jüngster Zeit wird eine Rasse aus der Einkreuzung von Englischem Vollblut und anderen englischen Pferden mit französischen Zuchtstuten und einer Veredelung durch Araber- und Anglo-Araber-Blut herausgezüchtet. Mit dem Stutbuch des Selle Français wird auch das seines anglonormannischen Vorgängers fortgeführt. Mächtig und harmonisch, ist dieses Pferd ein idealer Springer mit einem ruhigen und mutigen Temperament. Es ist sehr intelligent und ein ideales Vielseitigkeitspferd (siehe Seite 112).

MÖGLICHE FELLFARBEN:

SHIRE HORSE

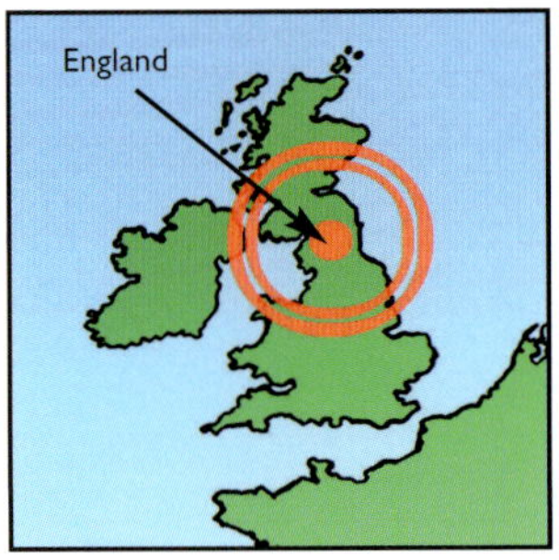

Das Shire Horse, eine Kaltblutrasse, ist das größte Zugpferd überhaupt. Dieser sanfte Riese erreicht über 2 Meter Stockmaß und als erwachsenes Tier über 1000 kg Gewicht. Es stammt von alten englischen Pferden aus dem Mittelalter ab, die möglichst groß und widerstandsfähig gezüchtet wurden, um gepanzerte Ritter in der Schlacht zu tragen oder schwere Arbeit in der Landwirtschaft zu verrichten. Das Shire Horse hat einen dichten, meist weißen Behang auf den Hufen. Es hat ein sehr sanftes Wesen und ist ausgesprochen gutmütig, auch wenn es durch seine Größe einschüchternd wirkt. Es ist als Voltigierpferd für Kinder sehr beliebt. Andere englische Pferde sind das Suffolk, mit typischem Fuchsfell, oder das Clydesdale, das ursprünglich aus Schottland kommt.

HERKUNFT: England
STOCKMASS: 168–180 cm
EINSATZ: Schweres Zugpferd
FARBEN: Brauner, Rappe, Schimmel

MÖGLICHE FELLFARBEN:

PERCHERON

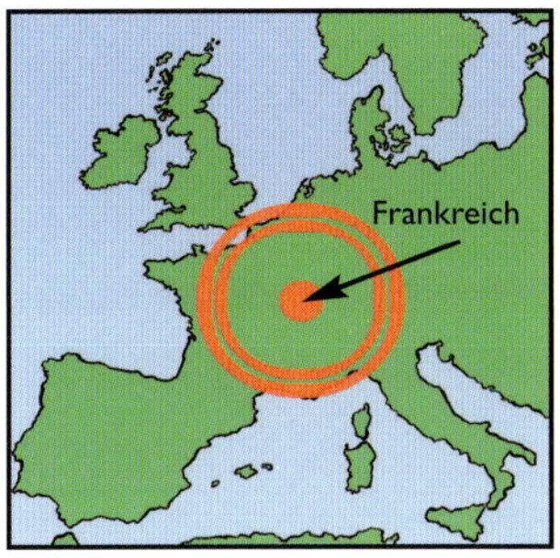

Der Percheron ist von allen schweren Kaltblutrassen der Welt die wohl bekannteste. Auch seine Ahnen trugen Ritter mit schweren Rüstungen im Sattel, die in Nordfrankreich in die Schlacht zogen. Im 18. Jahrhundert wurde die Rasse mit Araberblut veredelt, wodurch sich Formen und Gangarten verbesserten. Ein besonders stattliches Percheron-Exemplar erreichte die riesige Widerristhöhe von 213 cm und gilt damit als eines der größten Pferde der Welt. Andere typische schwere französische Zugpferde sind der von den Primitivrassen abstammende Bretone sowie der Boulonnais und der Ardenner, beides sehr alte Rassen. Aus anderen Ländern gibt es noch den Noriker, eine der ältesten Rassen Europas, gezüchtet in Österreich und den Zentralalpen; das Niederländische Kaltblut, vielleicht das schwerste Zugpferd überhaupt, Ende des 19. Jahrhunderts aus Ardennern und den örtlichen niederländischen Zuchtstuten entstanden; den Brabanter, auch Belgisches Zugpferd genannt, eine alte Rasse aus Flandern; den Jütländer, in Dänemark gezüchtet, mit Behang auf den Fesseln.

HERKUNFT: Frankreich
STOCKMASS: 165–176 cm
EINSATZ: Schweres Zugpferd, Hohe Schule
FARBEN: Rappe, Schimmel

MÖGLICHE FELLFARBEN:

Hauptponyrassen

Ponys sind Pferde, die mit Hufeisen gemessen nicht mehr als 148 cm Widerristhöhe haben. Die Definition bezieht sich aber nicht nur auf die Größe, sondern vor allem auf die Proportionen und den Charakter: Während beim Pferd der Abstand zwischen Widerrist und Boden größer ist als die Körperlänge ohne Hals und Kopf und die Beine länger sind als die Höhe des Brustkorbs, ist es beim Pony genau umgekehrt. Das Pony ist länger als hoch, und sein Hals wirkt nicht sehr harmonisch. Es kann nicht weit springen, ist dafür aber trittsicher, denn in früheren Zeiten bewegte es sich häufig auf unwegsamem und felsigem Gelände. Ponys sind für ihren guten Charakter bekannt.

Links: Das unterschiedliche Gebäude von Pony (links) und Pferd (rechts)

Wie man sieht, ist das Pony stämmiger als das vergleichsweise harmonisch gebaute Pferd.

DARTMOOR, EXMOOR UND NEW FOREST

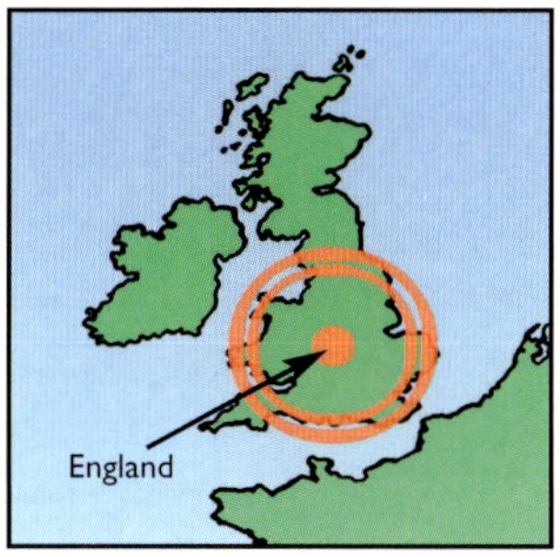

Dartmoor-, Exmoor- und New-Forest-Ponys werden in den englischen Midlands gezüchtet. Die Größe variiert von 125 cm (bei Dartmoor und Exmoor) bis zu 140 cm (beim New Forest). Man nennt sie „Bergponys", und ihre Wurzeln reichen weit zurück. Vom Exmoor vermutet man sogar, dass es eine der ältesten Pferderassen der Welt ist und aus der Voreiszeit stammt. Einige dieser kräftigen und widerstandsfähigen Ponys leben wild in den englischen Mooren: Im Winter wachsen ihr Fell und ihre Mähne sehr stark, um sie vor Regen und Wind zu schützen. Dank ihrer rauen, wilden Heimat haben diese Ponys eine sehr robuste Konstitution und einen unabhängigen und entschlossenen Charakter. Dennoch schätzt man sie als Reitpferde für kleine und große Kinder. Inzwischen werden sie mit anderen Rassen wie dem Araber, dem Englischen Vollblut, dem Welsh-Pony der Sektion A und dem Highland-Pony eingekreuzt, um ihre Reitpferdeigenschaften zu verbessern. Das New Forest wird auch für den Pferdesport genutzt.

HERKUNFT: England
STOCKMASS: 125–140 cm (die drei verschiedenen Rassen)
EINSATZ: Reiten, Fahrsport
FARBEN: DARTMOOR: Brauner, Dunkelbrauner und Kohlfuchs; EXMOOR: Brauner, Dunkelbrauner, Kohlfuchs und Mausgrauer; NEW FOREST: alle Unifarben

Exmoor-Pony

MÖGLICHE FARBEN DES DARTMOOR:

MÖGLICHE FARBEN DES EXMOOR:

MÖGLICHE FARBEN DES NEW FOREST:

HAFLINGER

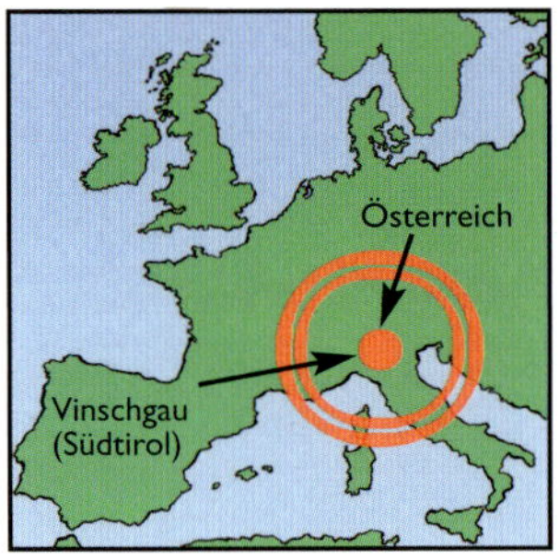

HERKUNFT: Österreich, Italien
STOCKMASS: ca. 135 cm
EINSATZ: Reiten, leichtes Zugpferd
FARBEN: Fuchs, Palomino

Dieses Pony wird hauptsächlich in Österreich und Südtirol gezüchtet und ist nach dem österreichischen Bergdorf Hafling benannt. Die etwas größere italienische Haflinger-Züchtung nennt man auch Aveligneser nach Avelengo im Südtiroler Vinschgau (ital.: Val Venosta). Dieses auf das 19. Jahrhundert zurückgehende Pony ist dank des Einflusses von arabischem Blut trotz seiner sanften Formen robust und stark. Es kann bis zu vierzig Jahre alt werden, wenn es ein ruhiges Leben hat. In seiner Bergheimat kam es lange in der Landwirtschaft und als Zugpferd zum Einsatz. Als ruhiges und genügsames Tier eignet es sich besonders für den Reitsporttourismus.

MÖGLICHE FELLFARBEN:

WELSH

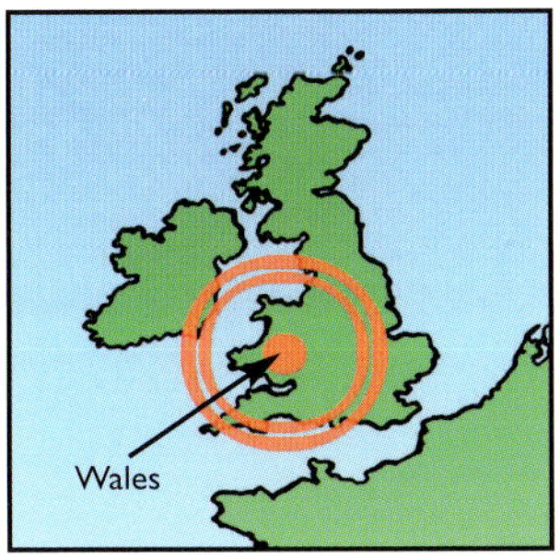

Die aus Wales stammenden Welsh-Ponys unterteilt man in vier Kategorien:

- Welsh-Mountain-Pony Sektion A (ca. 122 cm), verbreitet in den gebirgigen und hügeligen Regionen Großbritanniens
- Welsh-Pony Sektion B (ca. 134 cm), Reitpferd, auch für Kinder und Jugendliche, elegant und vielseitig
- Welsh-Cob Sektion C (144 – 154 cm), hinreichend robust, früher für Fabrikarbeit und als Grubenponys verwendet, heute für den Fahrsport und zum Trekking
- Welsh-Cob Sektion D (142 – 152 cm), für alle Fahrsportarten geeignet, auch zum Springreiten und für Cross-Country ideal

Alle vier Sektionen haben eine sehr widerstandsfähige Kondition, sind fügsam und genügsam, intelligent und auch schnell, wenn dies erwünscht ist.

HERKUNFT: Wales
STOCKMASS: 120–157 cm (verschiedene Sektionen)
EINSATZ: Reiten, Fahrsport
FARBEN: Alle Einfarbigen (Brauner, Rappe, Fuchs)

Welsh-Cob-Pony

MÖGLICHE FELLFARBEN:

ISLAND-PONY

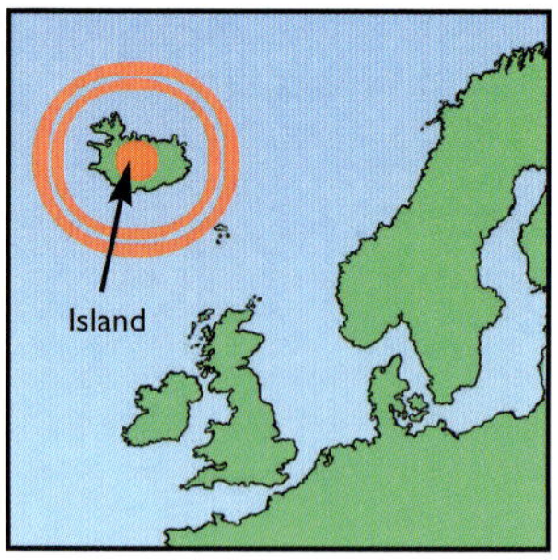

Die Isländer betrachten das Island-Pony als vollwertiges Pferd, denn es ist robust genug, um einen Erwachsenen über lange Strecken zu tragen. Die Wikinger führten die Ponys Ende des 9. Jahrhunderts auf Island ein. Seitdem ist die Rasse rein geblieben.

HERKUNFT: Island
STOCKMASS: 125–134 cm
EINSATZ: Reiten, Gespanne
FARBEN: Schimmel oder Graubraunschimmel, aber auch Fuchs, Palomino, Rappe oder Schecke

Sie verfügt über zwei zusätzliche Gangarten, den Passgang und den Tölt, einen schnellen Laufschritt im Viertakt. Im Leben der Isländer spielt dieses Pony eine sehr wichtige Rolle. Man verwendet es für den Fahrsport, zum Reiten und für verschiedene andere Sportarten. Es ist fügsam und anhänglich, allerdings auch sehr eigenwillig (diese Eigenschaft ist allen kleineren Ponyrassen gemein). Es verfügt über einen ausgezeichneten Orientierungssinn. Es ist so abgehärtet, dass es auch im Winter halbwild im Freien lebt, trotz des rauen isländischen Klimas.

MÖGLICHE FELLFARBEN:

FJORDPFERD

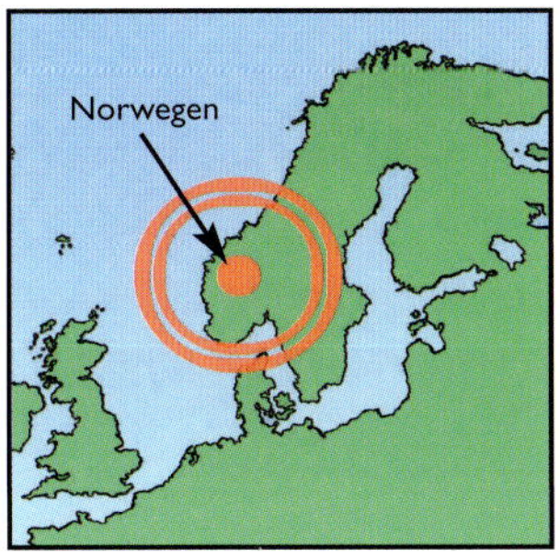

Vermutlich züchteten schon die Wikinger dieses Pony für den Pferdekampf. Im Fjordpferd ist die Abstammung vom mongolischen Steppenpferd, dem Przewalski, deutlich zu erkennen: Die Farbe ist ähnlich, und die struppige Mähne hat eine schwarze Mittelsträhne. Es hat auch einen Aalstrich und häufig Zebrastreifen an den Beinen. Seine Formen sind harmonischer als die seiner Ahnen. In Norwegen und Dänemark ist es weit verbreitet.

Stark und sehr widerstandsfähig, eignet es sich als Reitpferd, für den Fahrsport und auch für schwerere Arbeit in den Bergen. Es ist gesellig und freundlich, aber auch mutig und störrisch.

HERKUNFT: Norwegen
STOCKMASS: 132–142 cm
EINSATZ: Reiten, Fahrsport
FARBEN: Falbe

MÖGLICHE FELLFARBEN:

CONNEMARA

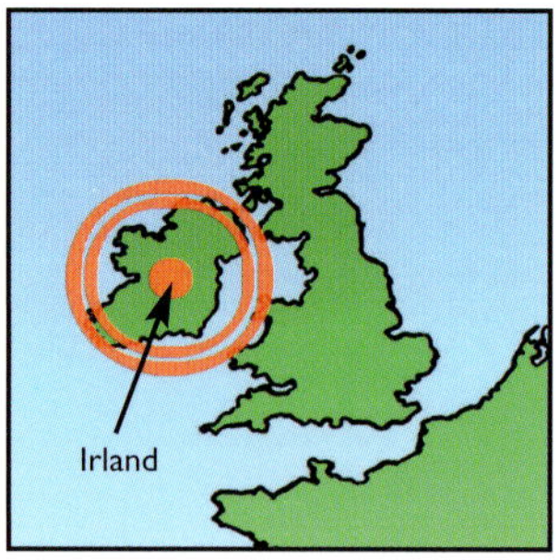

Das Connemara-Pony ist die einzige irischstämmige Rasse und kommt aus der irischen Heide. Aufgrund dieser unwegsamen natürlichen Umgebung ist es ein sehr robustes Tier. Es hat weit zurückreichende Wurzeln, und unter rauen Lebensbedingungen bleiben seine typischen Merkmale gut erhalten. Die modernen Zucht-Connemaras wachsen aufgrund der guten Fütterung jedoch häufig über das für diese Rasse zulässige Höchststockmaß (142 cm) hinaus. Im Verlauf seiner Entwicklungsgeschichte wurde das Connemara-Pony mit dem Araber, dem Berber, dem Englischen Vollblut, dem Spanischen Pferd und dem Welsh-Pony eingekreuzt. Diese Veredelungen haben aus ihm ein ideales Reitpony für Kinder und nicht allzu schwere Erwachsene gemacht. Widerstandsfähig und von harmonischen Formen, eignet es sich hervorragend für Turniere. Es ist ausgeglichen, intelligent und sanft.

HERKUNFT: Irland
STOCKMASS: 132–144 cm
EINSATZ: Reiten, Springen
FARBEN: Brauner, Fuchs, Stichelhaariger, Falbe und v. a. Schimmel

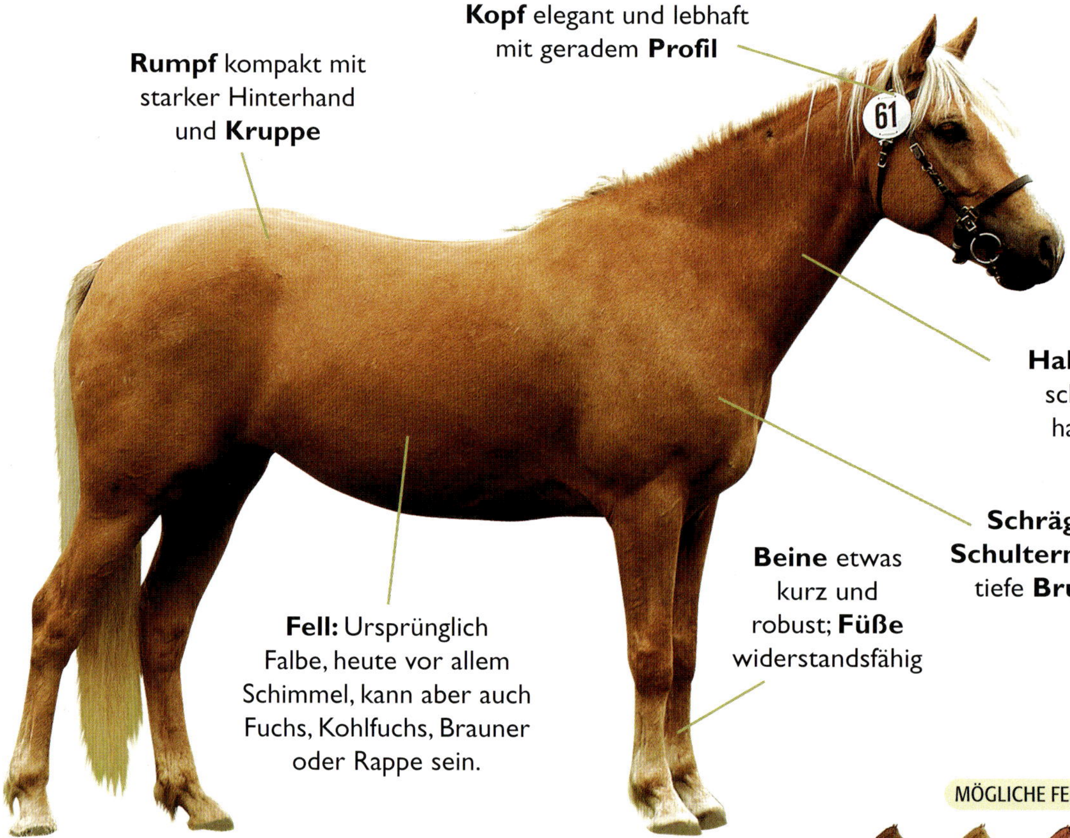

MÖGLICHE FELLFARBEN:

SHETLAND, HIGHLAND UND FALABELLA

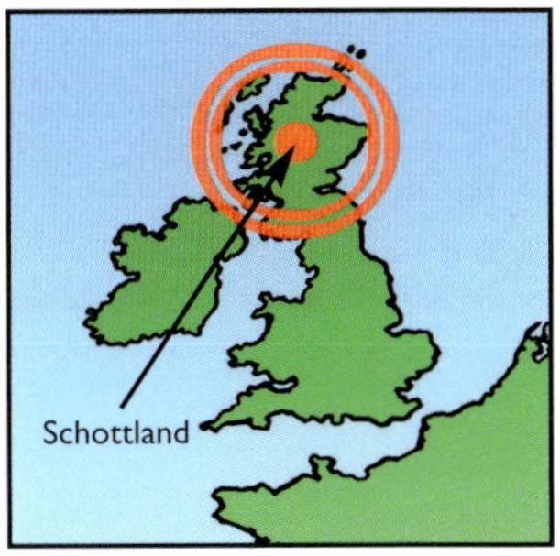

HERKUNFT: Schottland
STOCKMASS: ca. 102 cm
EINSATZ: Reiten, Gespanne
FARBEN: Alle

Das kleine Shetland-Pony stammt wahrscheinlich vom ältesten Pferd der Tundra ab, das vor 10000 Jahren aus Skandinavien auf die schottischen Inseln kam. Das mutige und widerstandsfähige Pferdchen ist gemessen an seiner Größe ziemlich stark. Im 19. Jahrhundert wurde es häufig als Grubenpferd verwendet; heute ist es ein sympathischer, wenn auch ziemlich lebhafter Kinderfreund. Sein Körper erinnert in seiner charakteristischen Form ein wenig an eine Tonne, und es hat kurze, dünne Beine und einen kleinen, ausdrucksvollen Kopf. Schweif und Mähne sind lang und fließend.

Heimat der Highland-Ponys ist Schottland, und auch ihre Ursprünge gehen auf die Voreiszeit zurück. Sie sind die größte britische Ponyrasse (144 cm Widerristhöhe). Die starken und fügsamen Tiere eignen sich ideal als Reitpferd und zum Trekking. Inzwischen werden sie mit orientalischem Blut eingekreuzt.

Aus der Einkreuzung von einem Shetland-Pony mit dem kleinsten Englischen Vollblut ist vor einiger Zeit auf einer argentinischen Ranch das Falabella entstanden, die kleinste Pferderasse der Welt, die im Kleinformat die alten Linien in sich vereint. Dieses „Miniaturpferd" eignet sich als Haustier. Mit einem Stockmaß von nur 52 cm war die Falballa-Stute Sugar Dumpling das kleinste Exemplar der Welt.

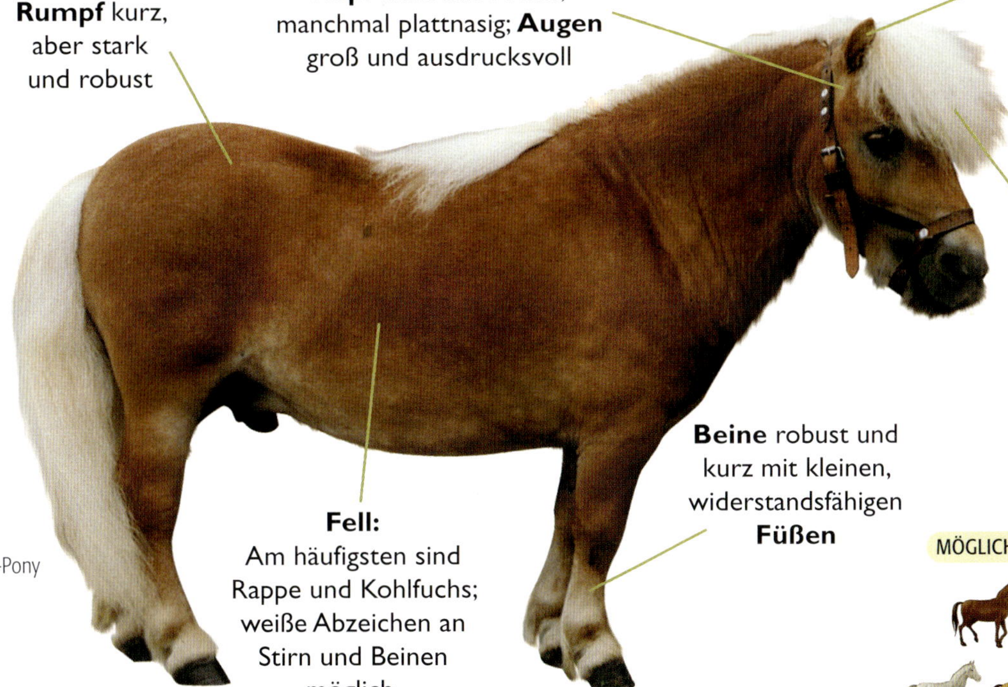

Shetland-Pony

MÖGLICHE FELLFARBEN:

PFERDE IN DER NEUEN WELT

Nach der Entdeckung Amerikas brachten die Europäer hauptsächlich Pferde der Spanischen Rasse mit auf diesen Kontinent. Damals liefen viele Tiere den Eroberern weg und vermehrten sich in freier Wildbahn, wurden von Indianern geraubt oder getauscht. Auch die Indianer begannen nun mit der Pferdezucht. Die Ahnen der heutigen Mustangs verbreiteten sich in Nordamerika und den Prärien im Westen. Inzwischen gilt der Mustang als Paradebeispiel für ein Wildpferd. Die wenigen noch existierenden Herden stehen seit 1970 unter Naturschutz. Manche Indianerstämme bevorzugten die bunteren Farben, denn bereits seit dem 16. Jahrhundert wählte man die Pferde nach der Farbe aus. So entstanden die Rassen Pinto oder Paint und Appaloosa. Im 18. Jahrhundert spezialisierte sich ein Indianerstamm auf die Zucht des Pinto, der Appaloosa kam erst später dazu. Er wurde schließlich mit dem Quarter Horse verbessert. Der Name Appaloosa leitet sich von dem Fluss Palouse im Staat Washington ab.

Quarter Horse. Unten: ein elegantes American Saddlebred

Appaloosa

Auf dem neuen Kontinent nutzte man die Pferde zum Transport und für die Arbeit in der Viehzucht. So wurden immer robustere Rassen gezüchtet, darunter auch das Quarter Horse, ein Arbeits- und Rennpferd (seinen Namen trägt es, weil es eine Viertel-*(quarter)*Meile lief). Es gilt als schnell,

Zwei Appaloosa-Pferde mit typisch geschecktem Fell. Unten ein Missouri Foxtrotter

Criollo

ausgeglichen und widerstandsfähig. Heute findet man es überall auf der Welt.

Im 19. Jahrhundert züchtete man Schau-, Reit- und Kutschpferde mit elegantem und besonders eindrucksvollem Gang, beispielsweise das American Saddlebred, das Tennessee Walking Horse, den Missouri Foxtrotter und den Morgan.

Das Standardbred ist ein ideales Trabrennpferd, für Galopprennen bevorzugt man das Englische Vollblut „mit amerikanischem Stammbaum“, das eine besonders stark entwickelte Hinterhand hat.

In ganz Lateinamerika ist der Criollo weit verbreitet. Diese Rasse stammt von spanischen Pferden ab. Sie gilt als eine der stärksten und widerstandsfähigsten der Welt und wurde jahrhundertelang von den argentinischen Gauchos gezüchtet. Die berühmten argentinischen Polo-Ponys werden heute durch Einkreuzen des Criollo mit Vollblütern gezüchtet.

Adeline Halvorson

KAPITEL 3

Pferdepflege

Auf der Koppel

Auch wenn das Pferd schon seit Jahrtausenden domestiziert ist, trägt es immer noch die Gene eines Tiers in sich, das zum Leben in Freiheit geboren ist.

In Gefangenschaft kommt die Koppelhaltung in Gesellschaft anderer Pferde und Tiere dem Leben in freier Wildbahn sicher am nächsten.

Aber wie schaffst du für deinen Freund, das Pferd, die idealen „Wohnbedingungen“?

Die ideale Koppel

Der Zaun sollte vorzugsweise aus Holz sein, mit senkrechten Holzpfosten im Abstand von ca. 2 m und zwei oder drei Querlatten übereinander. Die unterste Querlatte sollte ca. 30 cm, die höchste mindestens 1 m hoch über dem Boden sein.

Das Zaungatter sollte so groß sein, dass man ein Pferd bequem herausführen kann. Die Verriegelung muss einfach, aber trotzdem gut durchdacht sein: Das Pferd könnte sonst versuchen, sie selbst zu öffnen, und hinauslaufen.

Auf der Koppel sollte ein auf drei Seiten geschlossener Unterstand nicht fehlen, damit das Pferd im Winter Schutz vor schlechtem Wetter und im Sommer vor Insekten und Hitze suchen kann. Das Dach sollte sich nicht zur Eingangsseite neigen, da es sonst vor dem Eingang zu matschig wird. Wasser muss immer zur Verfügung stehen, entweder in Selbsttränken oder in großen Trögen, die oft nachgefüllt werden.

Für eine schöne Wiese muss man das Gras oft mähen, denn frisches, junges Gras schmeckt den Pferden besonders gut, und auch das Unkraut wächst dann nicht so schnell nach. Am besten sperrt man jeweils abwechselnd einen Teil der Koppel, damit das Gras nachwachsen kann, während das Pferd an anderer Stelle weidet.

Überprüfe die Koppel auch regelmäßig auf tiefe Löcher, Unebenheiten oder spitze Gegenstände: Das Pferd könnte sich wehtun.

Auf der Koppel hält sich das Pferd allein sauber: Es wälzt sich, wenn es nötig ist, und lässt sich von seinen „Mitpferden“ beknabbern und massieren. Besonders gerne wälzen sich Pferde, wenn es regnet. Danach sehen sie aus wie die reinsten Dreckspatzen, was eigentlich ganz lustig ist ... wenn du nicht die Absicht hast, kurz darauf zu reiten: Dann brauchst du viel Zeit zum Putzen.

Gut zugedeckt?

Wilden Pferden, die im Freien leben, wächst ein dichtes Winterfell, das sie vor Kälte schützt. Stallpferde müssen jedoch ein kurz geschorenes Fell haben, damit sie nicht schwitzen und sich dann erkälten. Im Winter müssen sie daher eine Decke tragen. Es gibt Decken aus vielen verschiedenen Materialien, ganz warme aus Daunen oder auch welche aus leichtem Gewebe. Im Sommer kann man die Pferde auf der Koppel mit geeigneten Abdeckungen auch vor lästigen Insekten schützen, die vor allem um Nase und Ohren herumschwirren.

Aber auch wenn das Pferd auf der Weide steht, sind tägliche Kontrollbesuche unbedingt notwendig: Pferde können alle möglichen Dummheiten anstellen. Außerdem ist dein Besuch eine willkommene Abwechslung im Tagesablauf deines Vierbeiners.

Zu guter Letzt noch ein Tipp: Für die Weidehaltung sollte man den Pferden die hinteren Hufeisen entfernen, denn wenn sie ausschlagen, könnten sie jemanden verletzen.

Im Stall

Die meisten Pferde und Ponys werden im Stall gehalten. Darum müssen wir dafür sorgen, dass sich unsere vierbeinigen Freunde dort auch rundum wohlfühlen.

Ob du ein eigenes Pferd oder Pony hast oder dir eines anschaffen möchtest, ob du eine Reitschule besuchst oder wirklich lernen willst, wie man ein Pferd richtig versorgt – du musst auf jeden Fall ein paar wichtige Dinge berücksichtigen.

Ein Stall zum Wohlfühlen

Es gibt verschiedene Ställe. Die funktionalsten sind überdachte lange Gebäude mit einem Mittelgang und Boxen entlang den Seiten. Der Mittelgang endet vorn und hinten in einem Ein- bzw. Ausgang. Auf diese Weise bleibt die Box des Pferdes vor Hitze und Kälte geschützt. Wichtig sind auch eine gute Beleuchtung und eine gut funktionierende Belüftung, darum müssen sehr große Öffnungen oder Fenster vorhanden sein.

Alle Stallgeräte (Besen, Schubkarren usw.) müssen dort aufbewahrt werden, außerdem Futter und Heu.

An der Außenwand der Boxen gibt es Platz zum Anbinden der Pferde. Dort kann man sie bürsten, beschlagen oder untersuchen.

Es muss auch ein, zwei Wasseranschlüsse für einen Wasserschlauch und andere Zwecke geben. Strom sollte vorhanden sein. Den braucht man nicht nur, um im Dunkeln Licht zu machen, sondern auch zum Anschließen verschiedener Geräte, die etwa der Tierarzt braucht, oder für eine Schermaschine.

Die Stallhaltung ist für ein Pferd nicht artgerecht, daher sollte es die Box so oft wie möglich verlassen und regelmäßig einige Stunden auf der Weide verbringen.

Pferde sind Gewohnheitstiere. Darum ist ein regelmäßiger Tagesablauf sehr wichtig. Es ist gut für ihr seelisches Gleichgewicht, wenn sie wissen, was sie erwartet.

Gewohnheit bedeutet allerdings nicht, dass dein Pferd sich langweilen soll. Verbringe möglichst viel Zeit in der Box. Du kannst dort zum Beispiel die Ausrüstung (siehe S. 85) putzen. Dann könnt ihr euch über längere Zeit beschnuppern, das Pferd gewöhnt sich an deine Gesellschaft und freut sich, wenn es dich sieht.

Oben: eine mit allem Nötigen ausgestattete Box

Die Box

Das Wichtigste im Stall ist die Box, das „Schlafzimmer" des Pferdes.

Die Box sollte ganz aus Holz sein, weil dieses Material eine gute Wärme- und Kältedämmung ist und den Boden rutschfest macht.

Sie sollte so groß sein, dass sich das Pferd bequem hinlegen kann: Die Standardmaße sind 4,40 m x 3,60 m für ein Pferd und 3,60 m x 3 m für ein Pony. Normalerweise ist die Box auf drei Seiten geschlossen, und der obere Teil der Tür muss sich vollständig öffnen lassen: Das Pferd schaut gern aus dem Fenster, um die anderen Pferde zu sehen und ein wenig Abwechslung zu haben.

Die Box muss hell und gut gelüftet sein. Spitze Metall- oder Holzteile haben dort nichts zu suchen, denn das Tier könnte sich daran verletzen.

Saubere Streu sollte reichlich vorhanden sein. Sie kann aus Stroh, Holzspänen, Papierschnipseln oder anderem geeigneten Material bestehen. Die Streu muss häufig gewechselt werden, damit das Pferd sich auf einem schönen weichen Lager wälzen und hinlegen kann, ohne sich schmutzig zu machen. Neben dem täglichen Ausmisten und Auswechseln der Streu muss man die Box hin und wieder völlig leer räumen und desinfizieren.

In der Box steht eine Futterkrippe, aber das Heu wird einfach auf den Boden geworfen. Schließlich frisst das Pferd in freier Wildbahn auch vom Boden, daher ist das der beste Ort für die Ablage des Futters! Außerdem muss es immer genügend frisches Wasser geben. Am besten verwendet man Selbsttränken, sonst muss man ständig Wasser nachfüllen. Ein Pferd kann mehr als 50 Liter Wasser am Tag saufen!

Fell- und Hufpflege

Wenn du dein Pferd putzt, entsteht eine innige Verbundenheit zwischen euch beiden. Selbst wenn du es nicht zum Reiten abholst, sondern nur ein paar Schritte am Strick aus der Box führst, freut es sich über die Abwechslung. Die Fellpflege ist sehr wichtig für die Hygiene, denn in Gefangenschaft bekommt das Pferd dafür ja keine Hilfe von seinen Artgenossen.

Berühre dein Pferd beim Putzen und auch sonst so oft wie nur möglich, streichele und massiere es. In freier Wildbahn machen die Pferde das untereinander. Du gewinnst damit das Vertrauen deines Pferdes. Durch den häufigen Körperkontakt fällt dir auch eher auf, wenn mit dem Pferd irgendetwas nicht in Ordnung ist, ob es Schmerzen hat oder sich unwohl fühlt und ob es sich anders als sonst verhält.

Das Leben in einem Stall kann für ein Pferd sehr belastend sein, darum ist es deine Pflicht, alles in deiner Macht Stehende zu tun, damit es sich dort wohlfühlt.

Das Putzzeug

Gummistriegel (1): Damit entfernst du zuerst einmal lose Haare und Schmutz aus dem Fell. Bewege den Striegel kreisförmig auf dem Hals, den Hüften und der Kruppe und meide die Partien, wo sich die Knochen abzeichnen.

1

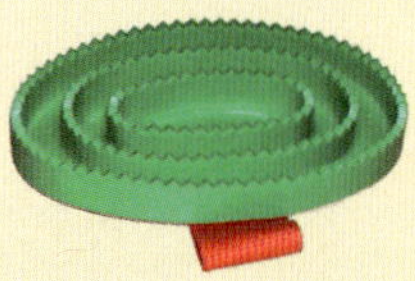

Wurzelbürste (2 und 3):
Damit bearbeitest du dieselben Stellen wie vorher mit dem Gummistriegel. Bürste den Schmutz mit dem Strich, also in Haarwuchsrichtung, heraus. Staub im Fell kannst du auch mit einem speziellen **Eisenstriegel (4)** entfernen, mit den man auch die Bürsten reinigt. Aber sei vorsichtig: Er hat recht scharfe Kanten!

5

6

7

Kardätsche oder Bürste mit weichen Borsten (5): Damit bürstest du den ganzen Körper, die empfindlichen Stellen, für die du nicht die Wurzelbürste nehmen kannst, und das Gesicht.

Schwämme (6): Damit reinigst du Augen, Nase und den besonders empfindlichen Intimbereich deines Pferdes. Am besten benutzt du für jede Körperpartie einen anderen Schwamm.

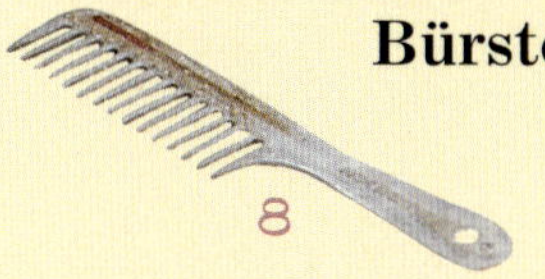

8

Bürste für die Mähne (7): Wenn du möchtest, kannst du eine spezielle Bürste für Schweif und Mähne verwenden.

Verziehkamm (8): Damit kannst du nicht nur Mähne und Schweif kämmen, sondern deinem Pferd auch „die Haare schneiden". Das macht man nämlich nicht mit der Schere, sondern man zupft mit diesem Kamm Haare aus. Dem Pferd tut das nicht weh, denn die Mähne sitzt auf der mit Fett gepolsterten Nackenpartie.

9

10

Hufkratzer (9 und 10): Damit entfernst du Dreck aus dem Huf. Man nennt es auch „den Huf ausräumen".

11

Schweißmesser (11): Damit ziehst du das überschüssige Wasser ab, wenn du dein Pferd wäschst. Denke daran: Richte den Wasserschlauch auf keinen Fall auf Augen oder Ohren und auch nicht auf die Nierenpartie und die Kruppe. Die sind nämlich sehr empfindlich, und das Pferd könnte schlimme Rückenschmerzen bekommen. **Lappen (12):** Der kann dir für verschiedene Zwecke dienen, du kannst dir damit die Hände trocknen oder deinem Pferd überschüssiges Wasser von Maul und Beinen wischen. Normalerweise gibt es einen **Putzkasten (13)** für das gesamte Putz- und Pflegezubehör.

12

13

Ziehe dir bequeme und pflegeleichte Kleidung an, wenn du dein Pferd putzen willst. Es ist sehr gut möglich, dass du sie in die Waschmaschine stecken musst, wenn dein Pferd sauber ist.

Die Fütterung

Die Ernährung eines Pferdes sollte ausgewogen sein und sich nach seiner Arbeit richten.

Wenn ein Pferd auf einer ausreichend großen Koppel lebt und nicht arbeitet, reicht ihm das Gras, das es im Frühjahr, Sommer und Herbst auf der Weide findet. Im Herbst genügt ihm das Heu.

Wenn das Pferd dagegen regelmäßig geritten wird, braucht es Getreide und Kraftfutter, um seinen Bedarf an Kohlehydraten, Eiweiß, Fett, Ballaststoffen, Vitaminen und Mineralstoffen zu decken.

1

Bei der Boxenhaltung muss das Pferd immer Heu zur Verfügung haben, denn das stundenlange Kauen und Fressen macht sein Leben in Gefangenschaft dem in freier Wildbahn ähnlicher. Tatsächlich verbringen die Pferde die meiste Zeit mit Grasen, denn ihr Verdauungsapparat ist darauf eingestellt, immer in Bewegung zu bleiben. Außer Heu braucht das Pferd auch Kraftfutter. Die Menge richtet sich nach seiner Größe und der Arbeit, die es verrichtet.

Wenn das Pferd kein frisches Gras frisst, gib ihm oft Äpfel und Mohrrüben, die mag es sehr, und sie enthalten wichtige Vitamine.

3

Im Idealfall lässt du es öfter fressen. Teile die Gesamtfuttermenge zum Beispiel auf täglich drei Rationen Heu und drei Rationen Kraftfutter auf, die du ihm abwechselnd gibst. Halte jeden Tag dieselben Futterzeiten ein.

Mahlzeit!

2

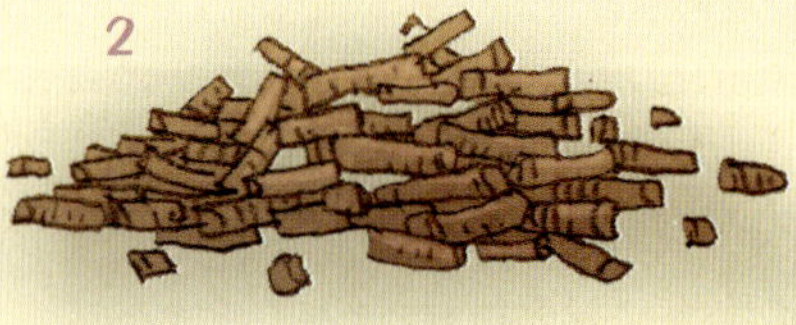

Du solltest darauf achten, nicht direkt nach dem Füttern zu reiten. Wenn du dein Pferd auf ein neues Futter umstellen willst, mach das nicht abrupt, sondern allmählich. Halte die Krippe sauber und ebenso den Eimer, in dem du das Futter bringst. Im

Gesund und munter!

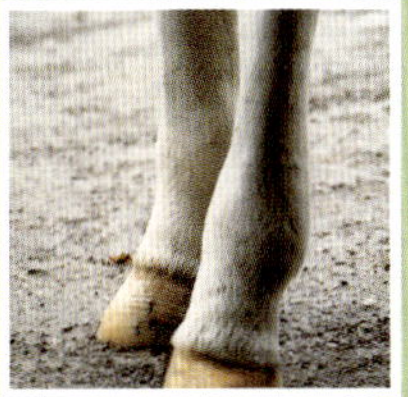
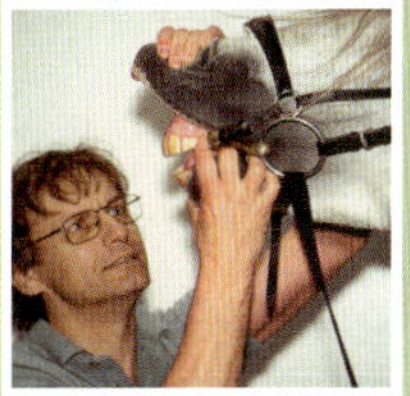
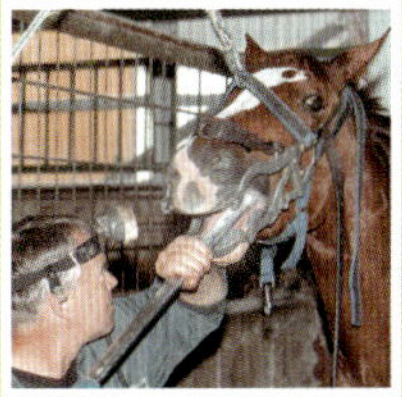

Da dein Pferd nicht sprechen kann, musst du erkennen können, wann es ihm nicht gut geht, und geeignete Maßnahmen ergreifen. Wenn du dein Pferd gut kennst und es oft berührst, lernst du zu erkennen, ob etwas nicht stimmt. Wenn du dir nicht sicher bist, bitte jemanden um Rat, der etwas davon versteht, und rufe eventuell den Tierarzt.

Manchen lästigen Krankheiten kannst du mit der Routinevorsorge – regelmäßige Wurmkuren, Impfungen und Zahnpflege – vorbeugen. Wende dich deshalb an die zuständigen Fachleute, den Tierarzt bzw. Tierzahnarzt, den Physiotherapeuten usw. Du findest sie gegebenenfalls über dein Reitsportzentrum.

4

Grunde genommen ist dein Pferd so wie du: Es mag nicht von einem „schmutzigen Teller" fressen, verträgt es nicht, sich nach dem Essen anzustrengen, und erwartet pünktliche Mahlzeiten morgens, mittags und abends!

5

1. Mohrrüben, 2. Pellets, 3. Äpfel, 4. Hafer, 5. Mehl, 6. Maisflocken, 7. Flocken, 8. Heu

6

Die Hauptfuttermittel für das Pferd neben Gras und Heu sind:

Getreideflocken, also Mais, Gerste, Weizen, Hafer, Roggen

Kraftfutter, zusammengesetzt aus ausgewählten Zutaten. Man kann es auch selbst aus den gewünschten Zutaten in einer Mühle mahlen.

Getreidemehl zum Beimengen ins Futter

Obst und Gemüse sind nicht nur willkommene Leckerbissen, sondern enthalten auch Vitamine und Zucker.

Das Pferd freut sich auch über einen Leckstein, um seinen Mineralsalzbedarf zu decken. Manchmal leckt es auf der Suche nach Salz den Boden ab. Schließlich gib immer acht, ob das Pferd auch gefressen hat. Wenn es körperlich und seelisch fit ist, frisst es freiwillig; wenn es sein Futter nicht anrührt, stimmt etwas nicht mit ihm. Dann sollte der Tierarzt es untersuchen.

7

8

Hufbeschlag

Der **Hufschmied** spielt eine sehr wichtige Rolle für die Gesundheit deines Pferdes. Er beschlägt es und kümmert sich um die Hufe. Ein Pferd, das regelmäßig geritten wird, springt oder irgendeine andere Arbeit macht, braucht einen Beschlag.

Die Idee, die Hufe durch Eisen zu schützen, stammt vermutlich von den alten Römern (aus dem 4. Jahrhundert), die die Hipposandale erfunden haben. Es handelte sich aber eher um eine Art Verband für einen kranken Huf, wenn ein Pferd lahmte. Den richtigen Beschlag führten die Gallier und die Kelten ein, die Meister in der Eisenverarbeitung waren.

Mit Beginn der Kreuzzüge setzte sich der Hufbeschlag endgültig durch, denn die Ritter mussten in der Zeit weite Strecken zu Pferd bewältigen.

Die Arbeit der Hufschmiede

Genauso wie deine Fingernägel wächst auch der Pferdehuf ständig nach. Darum hält der Beschlag höchstens sechs bis acht Wochen. Die Hufeisen nutzen sich ab, und der Huf wächst darunter weiter. Darum muss das alte Eisen abgenommen, der Huf gekürzt und ein neues Eisen befestigt werden. Der innere Wachstumszyklus eines Hufes dauert neun Monate bis zu einem Jahr.

Das Hufinnere wird durchblutet und ist daher empfindlich, der äußere Rand dagegen nicht, darum kann der Schmied dort die Hufnägel einschlagen, um das Eisen zu befestigen.

Mit der Zange werden die alten Hufnägel abgezogen und die Spitzen der neuen abgeknipst.

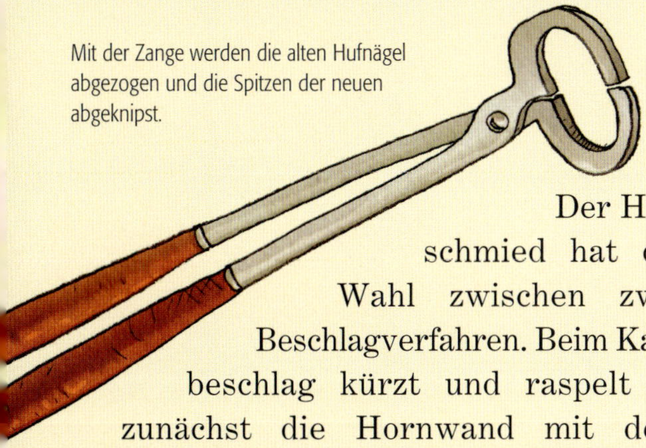

Der Hufschmied hat die Wahl zwischen zwei Beschlagverfahren. Beim Kaltbeschlag kürzt und raspelt er zunächst die Hornwand mit dem entsprechenden Werkzeug und schmiedet dann das Eisen mit dem Hammer auf dem Amboss in die passende Form für den Pferdefuß. Beim Heißbeschlag formt er das glühende Eisen auf dem Amboss, dann brennt er es auf den Huf auf. Das erhitzte Metall passt sofort perfekt. Anschließend wird das abgekühlte Eisen am Huf festgenagelt. Dazu schlägt der Schmied die Nägel in die Weiße Linie. Die oben austretenden Nagelspitzen biegt er um und knipst sie ab. Die Hauptaufgabe des Hufschmieds ist es, die Senkrechtstellung des Pferdes zu beobachten und den Beschlag so anzupassen, dass das Tier nicht aus dem Gleichgewicht gerät, was schlimme Folgen haben kann. Es gibt auch orthopädische Hufschuhe zum Korrigieren von Fehlstellungen der Beine, die mit äußerster Sorgfalt von einem Spezialisten angepasst werden müssen.

Weißt du, warum …?

… man sagt, dass Hufeisen Glück bringen?
Adelige verwendeten früher goldene Hufeisen. Wenn ein Pferd mal eins davon verlor, freute sich der glückliche Finder!

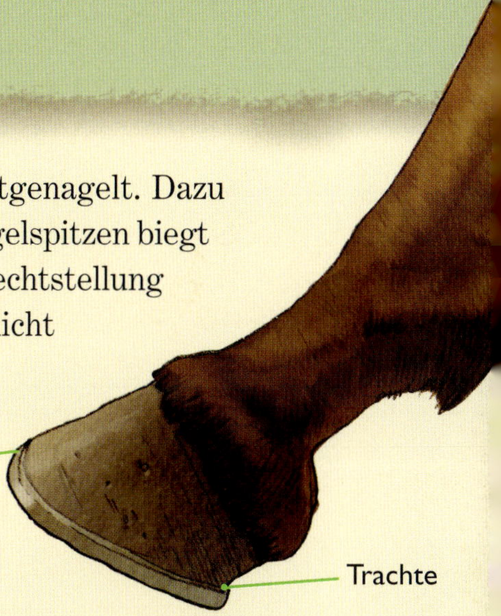

Oben: Nach dem Annageln des Eisens werden die austretenden Nagelspitzen abgeknipst und die Hornwand gefeilt.

Die tägliche Hufpflege

Vor jedem Ausritt musst du deinem Pferd die Hufe reinigen, denn zwischen Huf und Hufeisen setzt sich immer etwas von der Einstreu in der Box fest. Dann besteht die Gefahr, dass der Fuß von unten zu feucht wird. Du räumst also den Huf gut mit dem Hufkratzer aus. Stelle dich aber so neben das Pferd, dass es dich nicht treten kann. Das könnte leicht geschehen, wenn du es auch nur ein bisschen kitzelst!

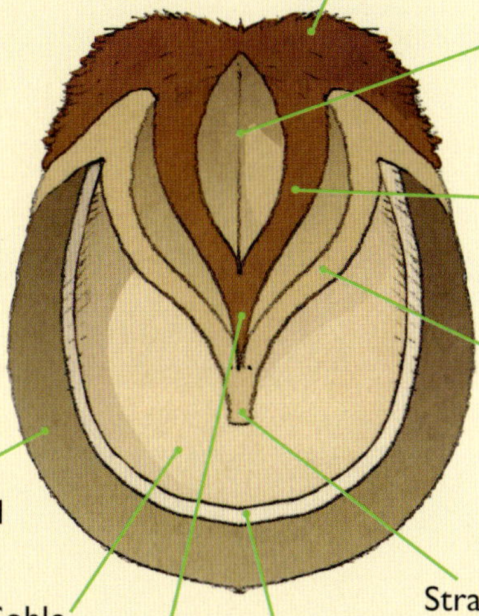

Hufbeschlaghammer

Wenn sich das glühende Eisen (siehe Foto oben rechts auf Seite 74) wieder dunkler färbt, ist der richtige Augenblick gekommen, um das Hufeisen auf den Fuß des Pferdes zu brennen.

Der Lebenszyklus des Pferdes

Nach einer elf Monate langen Tragzeit fohlt die Stute ab, d. h., ihr Kind kommt zur Welt. Bemerkenswert sind die Beine des Neugeborenen, denn sie sind im Verhältnis zum übrigen Körper sehr lang. Innerhalb weniger Minuten nach der Geburt versucht das Fohlen aufzustehen, und es dauert nicht lange, bis es laufen kann: So kann es in freier Wildbahn schnell vor seinen Feinden fliehen.

In den ersten Lebensmonaten verbringt das Fohlen viel Zeit mit seiner Mutter. Es trinkt viel Stutenmilch und ruht sich aus. Dann beginnt es, auch Gras zu fressen. Nach sechs Monaten wird das Fohlen entwöhnt, d. h., es wird von der Mutter getrennt und nicht mehr von ihr gesäugt. Dann frisst es auch Heu und anderes Futter. Von da an bis zum Ende des ersten Lebensjahrs versucht es, die erwachsenen Tiere nachzuahmen, genau wie kleine Menschenkinder: Es tollt vergnügt mit den anderen Fohlen und misst seine Kräfte mit ihnen – nicht anders, als es die kleinen Fohlen in einer Wildpferdherde tun.

Das Abfohlen dürfte keine Probleme verursachen, wenn der Fötus richtig herum liegt, also die Beine und darauf das Gesicht im Geburtskanal nach vorn zeigen (A). Die Steißlage (B) ist zwar nicht dramatisch, doch es ist besser, die Stute vom Tierarzt überwachen zu lassen. Allerdings wird ein Eingriff nötig, wenn der Fötus die Beine zwar richtig vorn liegen hat, der Kopf aber nach hinten gedreht ist (C).

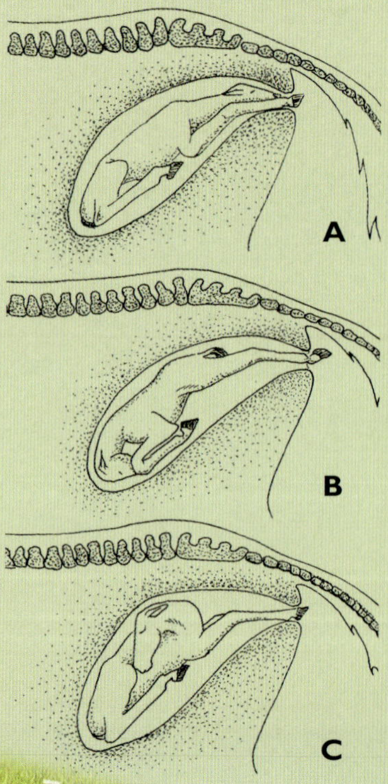

Einer Stute beim Abfohlen zu helfen ist ein sehr emotionales Erlebnis. Einzugreifen braucht man allerdings nur im akuten Notfall. Kaum geboren, wird das kleine Fohlen umgehend von seiner Mutter versorgt, die es zärtlich ableckt, um es zu säubern und die Blutzirkulation anzuregen. Mit sauberem Stroh oder einem weichen Handtuch kannst du der Mutter helfen.

Einen Kontakt in den ersten Lebensmonaten herzustellen ist wichtig: Wenn ein Fohlen sieht, dass seine Mutter eine gute Beziehung zu dir oder allgemein zu den Menschen hat, kann man es leichter zureiten, und es wird zutraulicher. Außerdem lernt es, Menschen wiederzuerkennen, und lässt sich anfassen und lenken. Mit etwa zwölf Monaten beginnt das Pferd eine Veränderung zu durchlaufen, die bis zum Ende des vierten Lebensjahrs dauert. Vorher ist es besser, es nicht zu reiten, denn es ist körperlich noch nicht voll entwickelt. Im erwachsenen Alter von fünf bis 15 Jahren ist das Pferd am leistungsfähigsten. Ein Pferd wird 25 bis 30 Jahre alt, dabei sind jedoch die Bedingungen entscheidend, unter denen es gehalten wird. Der Legende nach wurde das englische Zugpferd Old Billy 62 Jahre alt! Manche Ponyrassen können ein sehr hohes Alter erreichen. Haflinger etwa werden bis zu 40 Jahre alt.

Adeline Halvorson

KAPITEL 4

Reitstunden

Und jetzt … ab in den Sattel!

Pferdeliebhaber haben einen großen Traum: Reiten! Das lernt man am besten in einer Reitschule. Die meisten Reitschulen in Deutschland lehren die „englische Reitweise“, anders als in den Vereinigten Staaten, wo das Westernreiten weiter verbreitet ist. Hast du erst mal die richtige Reitschule für dich gefunden, brauchst du die nötige Ausrüstung und Kleidung.

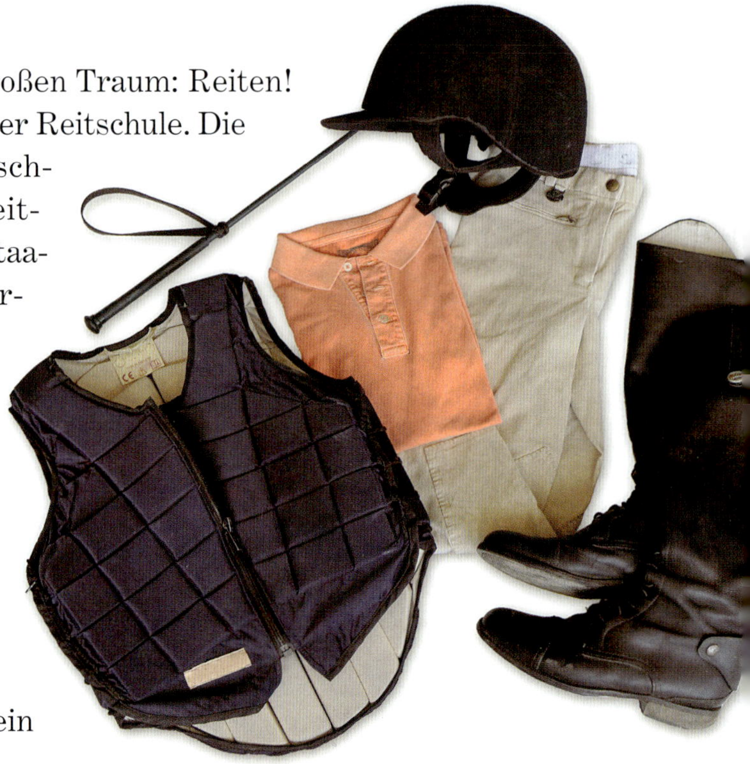

Die Kleidung sollte bequem und praktisch sein. Die geeignete Ausrüstung findest du in Reitsportfachgeschäften. Doch wie kleidet sich ein Reiter richtig?

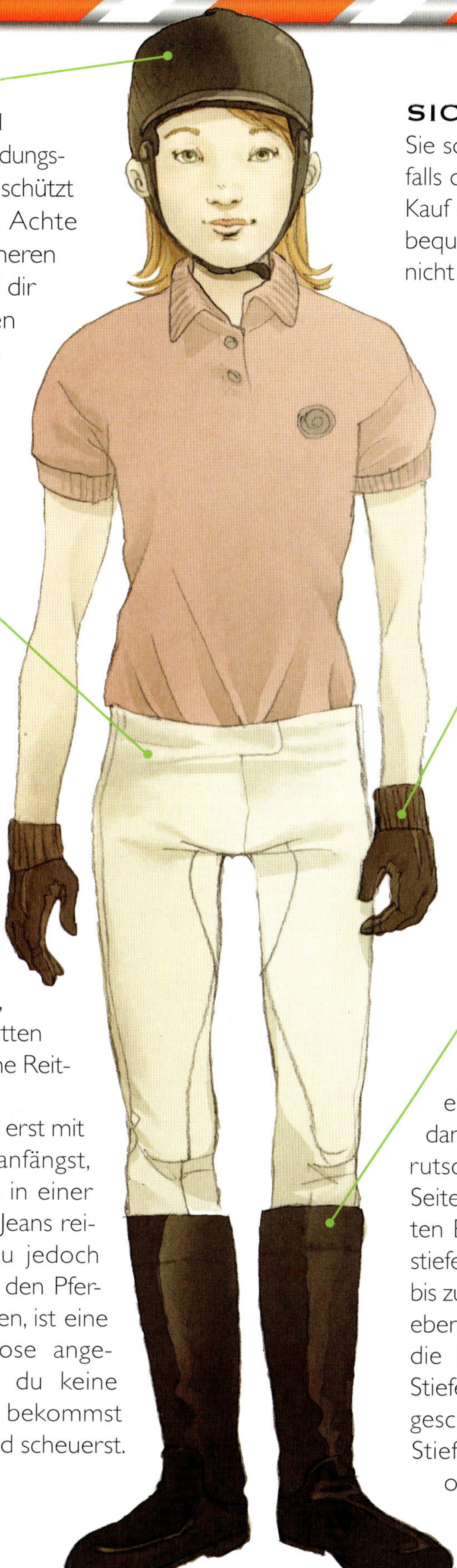

REITHELM

Das wichtigste Kleidungsstück ist der Reithelm. Er schützt den Kopf, falls du fällst. Achte eim Kauf darauf, dass er einen sicheren erschluss und Kinnschutz hat und dir ıt passt – er darf weder drücken ɔch zu groß sein. Der klassische eithelm ist schwarz, allerdings bt es mittlerweile auch Kappen anderen Farben.

:EITHOSEN

eithosen liegen eng an und ıd an den Stellen gepolstert, e auf dem Sattel aufliegen. ; gibt verschiedene Hosenodelle: Zu Jodhpur-Hosen trägt an kurze Stiefel. Sie sind gede geschnitten und haben nen Steg, der unter dem Fuß ɛrläuft. So rutschen die Hoseneine während des Reitens nicht ıch oben.

eithosen sollten atmungsaktiv in, damit der Reiter nicht mehr hwitzt als nötig. Über Reithosen, e auch an den Waden eng geschnitten sind, trägt man hohe Reitstiefel.

Wenn du gerade erst mit dem Reiten anfängst, kannst du auch in einer nicht zu engen Jeans reiten. Solltest du jedoch regelmäßig auf den Pferderücken steigen, ist eine richtige Reithose angebracht, damit du keine Druckstellen bekommst oder dich wund scheuerst.

SICHERHEITSWESTE

Sie schützt deinen Rücken, falls du stürzt. Achte beim Kauf darauf, dass die Weste bequem sitzt und dich nicht einengt.

HANDSCHUHE

Damit dir beim Reiten die Zügel nicht aus der Hand gleiten, sind Handschuhe sehr wichtig. Außerdem verhindern sie, dass du Blasen bekommst.

REITSTIEFEL

Es gibt zwei Arten von Stiefeln: Die niedrigen Reitstiefeletten, die man zu Jodhpur-Hosen trägt, reichen bis kurz über den Knöchel. Sie haben einen etwa 2 cm hohen Absatz, damit man nicht aus dem Steigbügel rutscht. Die Gummieinsätze an den Seiten ermöglichen einen ganz leichten Einstieg in die Schuhe. Die Reitstiefel mit hohem Schaft reichen bis zu den Knien. Sie haben ebenso einen Absatz wie die Stiefeletten. In den Stiefeln trägt man die eng geschnittenen Reithosen. Stiefel gibt es aus Leder oder Gummi.

Sattel und Zaumzeug

Zum Reiten brauchst du natürlich Sattel und Zaumzeug. Die musst du dir nicht selbst kaufen, solange du kein eigenes Pferd besitzt, doch du solltest wissen, wie sie aufgebaut sind.

Am weitesten verbreitet ist der englische Sattel, der für die englische Reitweise notwendig ist. Es gibt ihn als Vielseitigkeitssattel, Spring- oder Dressursattel. Seine Form ist jeweils den Besonderheiten der Reitdisziplin angepasst. Der Vielseitigkeitssattel eignet sich am besten für alle Reitarten. Es gibt aber auch spezielle englische Sättel für besondere Sportarten wie zum Beispiel Polo.

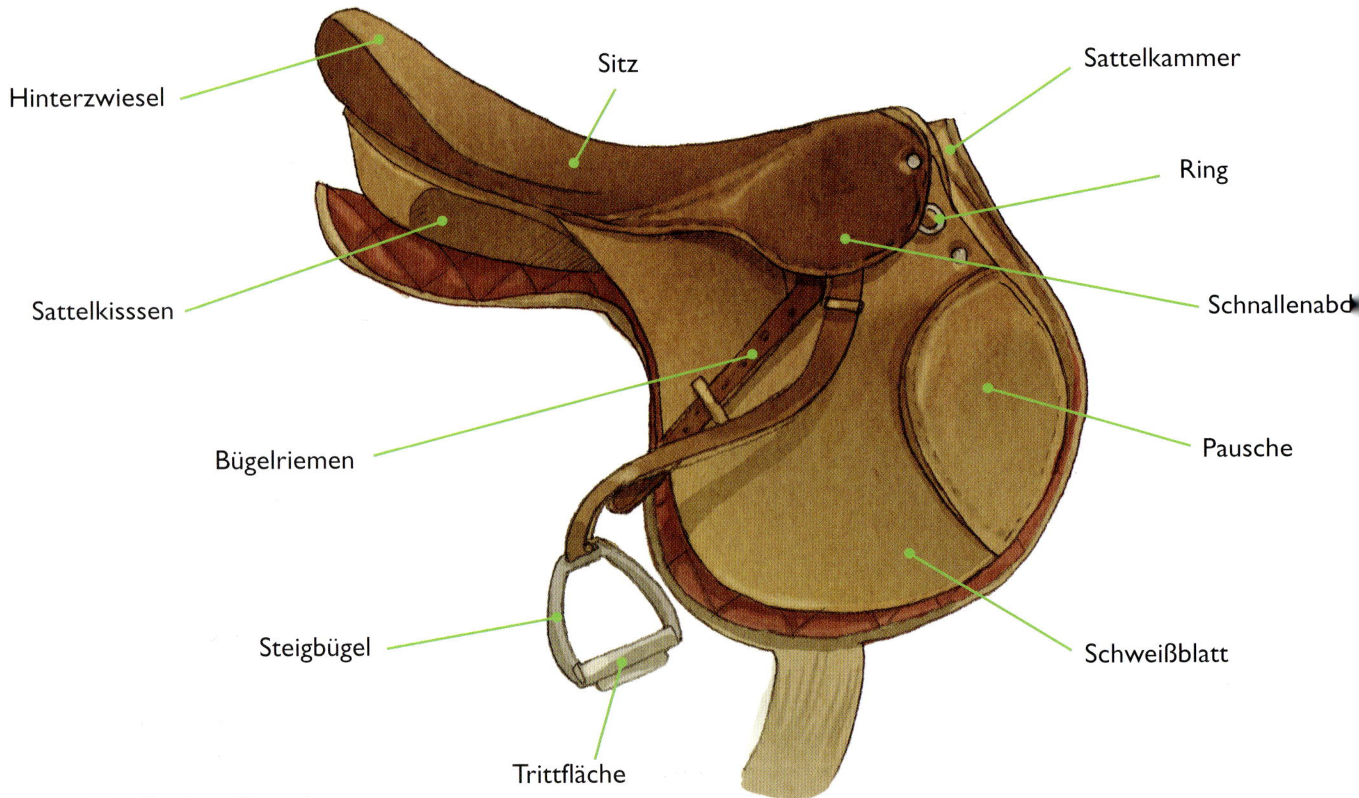

Englischer Sattel

Das Zaumzeug

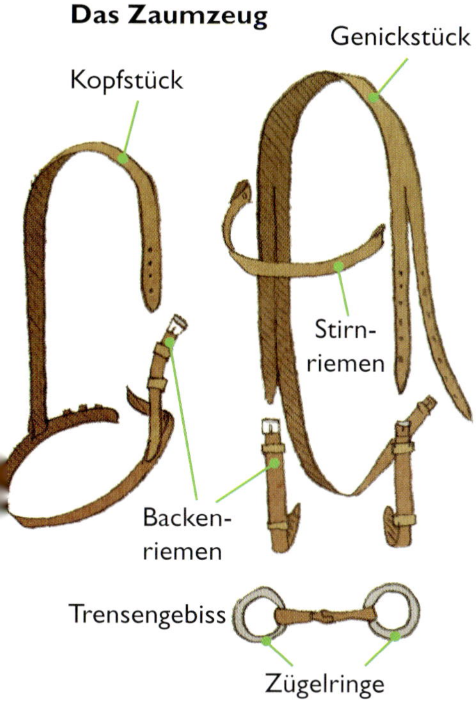

Die Sicherheitssteigbügel garantieren dem Reiter, dass er bei einem Sturz nicht in den Bügeln hängen bleibt.

Mit dem Sattelgurt wird der Sattel unter dem Bauch des Pferdes festgeschnallt. Gute Sattelgurte sind aus Leder.

Zwischen Sattel und Rücken des Pferdes gehört eine Satteldecke oder Schabracke. Sie verhindert, dass der Sattel auf dem Pferderücken reibt, und saugt gleichzeitig den Pferdeschweiß auf. Die Satteldecke kann wie der Sattel geschnitten oder aber auch einfach rechteckig sein. Diese Form heißt Schabracke.

Das Zaumzeug

Mit dem Zaumzeug lenkst du das Pferd, und es hilft dir, dem Pferd zu signalisieren, wie schnell es laufen soll. Zaumzeug gibt es mit unterschiedlichen Kopfstücken und Gebissformen.

Neben Genick- und Stirnriemen verfügt eine Trense über einen Nasenriemen. Bei einem gefügigen Pferd reicht ein einfacher Nasenriemen. Versucht das Pferd, mit offenem Maul das Gebissstück zu lockern, helfen gekreuzte Nasenriemen eines sogenannten Kombinierten Reithalfters.

Das Gebiss ist der Teil des Zaumzeugs, den das Pferd im Mund hat. Die Mundstücke können ungebrochen oder gebrochen sein.

Das „pferdefreundlichste" Gebissstück ist eine doppelt gebrochene Wassertrense, mit der das Pferd saufen kann. Sie besteht aus drei Teilen, die mit beweglichen Gelenken verbunden sind. Oft haben die Gebissstücke olivenförmige Enden, damit sich das Pferd seine Maulwinkel nicht einklemmt.

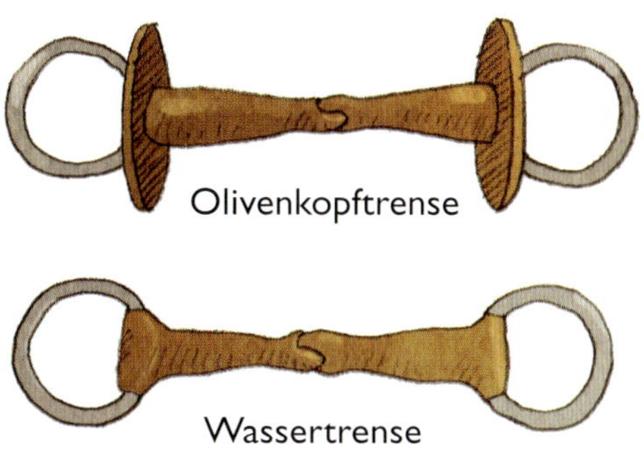

Trensenmodelle

Die Kandare hat meist ein unbewegliches Gebissstück. Daran sind Querschenkel, sogenannte Bäume, angebracht, die seitlich außerhalb des Pferdemauls liegen. Zusätzlich gibt es Trensen ohne Gebissstück. Hierbei verspürt das Pferd keinen Zug im Maul, sondern einen Druck auf dem Nasenrücken.

Zügel und Beinschutz

Bevor du losreiten kannst, brauchst du neben Sattel und Zaumzeug noch ein paar weitere Dinge für dein Pferd: Zügel und Beinschutz. Hierbei kommt es ganz darauf an, wie das Tier gebaut und für welche Reitart es gesattelt ist. So kann ein Pferd mit langem Schritt beim Traben mit den Hinterfüßen in die Vorderfüße „greifen“ und sich möglicherweise verletzen. Damit das nicht passiert, sollte es Gamaschen oder Hufglocken tragen. Hufglocken verhindern zudem, dass sich das Pferd das Hufeisen vom Vorderfuß reißt.

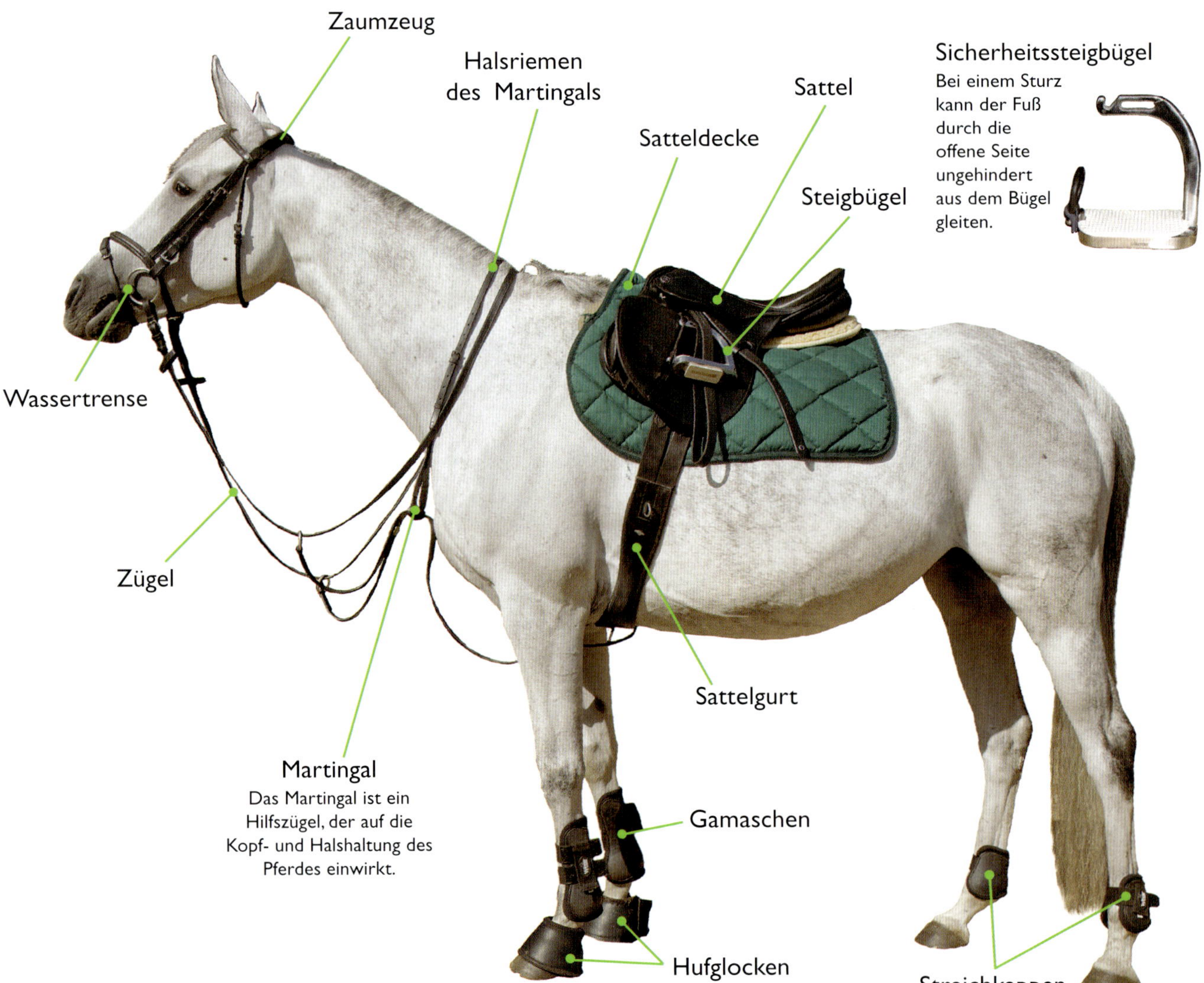

Pferd mit Zaumzeug, Sattel und Beinschutz

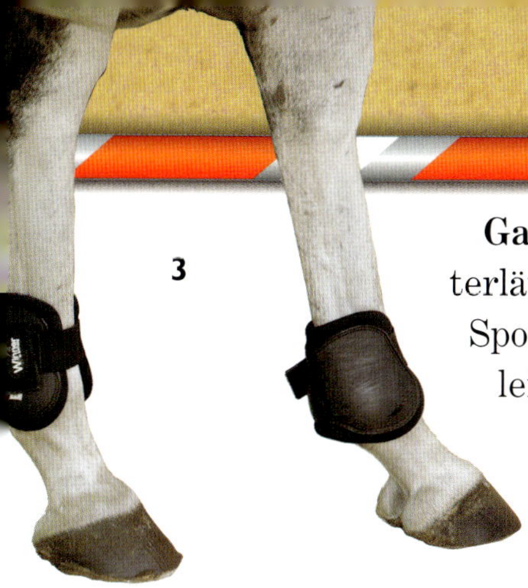

3

Gamaschen (1): Sie verhindern, dass sich das Pferd mit den Hinterläufen an der Rückseite der Vorderbeine verletzt. Sportpferde haben zudem empfindliche Sehnen, die leicht reißen oder Verletzungen davontragen können. Gamaschen schützen diese wichtigen Körperteile.

1

Schutzgamaschen (2) und **Streichkappen (3):** Gamaschen schützen die Pferdebeine, z. B. beim Springen. Streichkappen schützen die hinteren Fesselköpfe, damit das Pferd sich beim Sprung nicht verletzt.

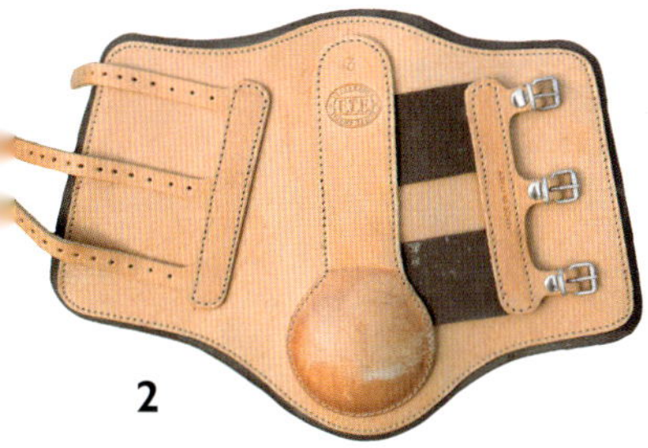

2

Hufglocken (4): Pferde, die bei der Arbeit mit den hinteren Hufen die vorderen berühren und womöglich verletzen, brauchen sogenannte Hufglocken. Damit sind Kronenrand und Ballen geschützt. Und das Pferd reißt sich nicht selbst die Hufeisen herunter.

4

PFLEGE DER AUSRÜSTUNG

Alle Teile der Ausrüstung, die aus Leder gefertigt sind, müssen regelmäßig gesäubert und eingefettet werden. So halten sie länger. In gut sortierten Reitsportfachgeschäften findest du alles, was du für die Pflege brauchst. Nimm vor dem Putzen Sattel, Zaumzeug und Zügel auseinander, schnalle die Riemen und Gurte ab. Entferne mit einem feuchten Schwamm und etwas Seife zunächst den Schmutz, trockne dann alles mit einem Lederlappen ab. Jetzt trage mit einem anderen Schwamm das Lederfett auf. Wenn das Fett eingezogen ist, setze Zaumzeug und Sattel wieder zusammen.

Behandle deine Ausrüstung auf diese Art einmal pro Woche. Vergiss nicht, das Gebiss nach jeder Reitstunde unter fließendem Wasser abzuspülen. Schütze den Sattel mit einem Sattelschoner, wenn du ihn nicht benutzt.

Die Ausrüstungsteile aus Gummi und Kunststoff kannst du mit Wasser abwaschen. Bürste regelmäßig die Pferdehaare von der Satteldecke ab und wasche die Decke hin und wieder in der Waschmaschine.

Die Reitbahn

Der Bereich einer Reitschule, wo du mit dem Pferd arbeitest, heißt Reitbahn. Während der Stunde sagt dein Lehrer dir, wie du das Pferd bewegen sollst. Wenn du die Bahn mit mehreren Reitern teilst, gibt es allerdings ein paar wichtige „Verkehrsregeln"!

Pferd und Reiter bei der Arbeit auf einer überdachten Reitbahn.

Wichtig ist zunächst einmal: Wenn das Innere der Reitbahn auf deiner rechten Seite ist, reitest du „auf der rechten Hand". Ist sie hingegen auf deiner linken Seite, reitest du „auf der linken Hand". Änderst du die Bewegungsrichtung, heißt das „Handwechsel". Die Laufspur entlang der Bande, auf der das Pferd gehen soll, heißt Hufschlag.

Auf der Reitbahn hält man sich rechts: Kommt dir ein anderer Reiter entgegen, musst du nach rechts ausweichen. Er wird es ebenso machen, sodass ihr nicht zusammenstoßt. Möchtest du anhalten, so reite in die Mitte der Bahn, wo du niemanden bei der Arbeit störst.

Reitbahnen haben meistens eine Größe von 20 m x 40 m. Sie sind oftmals mit acht Buchstaben markiert, an denen sich der Reiter orientieren kann. Je drei Buchstaben befinden sich an den langen Seiten, je einer an den kurzen. Bei den Reitübungen helfen diese Bahnpunkte sowohl dem Reiter als auch dem Lehrer.

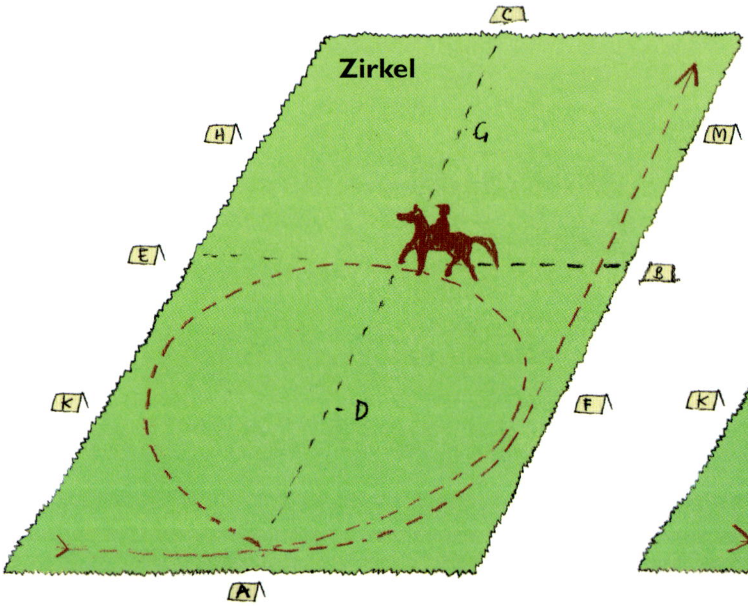

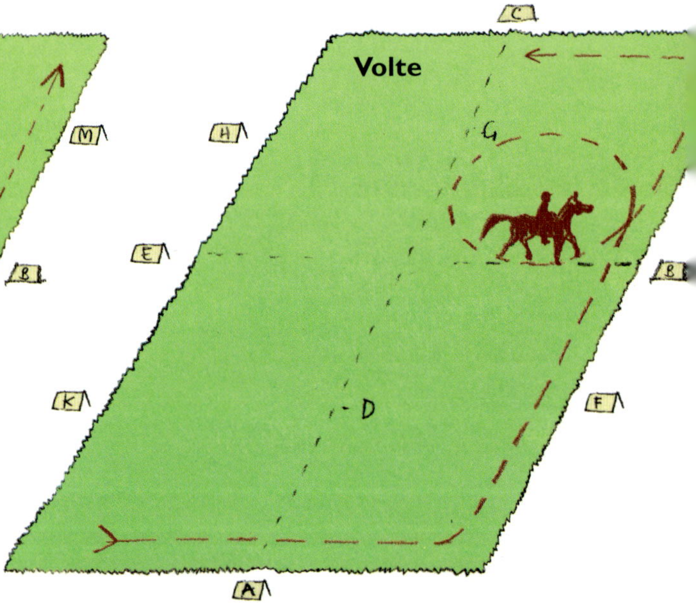

Die Bahnfiguren

Dies sind die wichtigsten Figuren, die du auf der Bahn reiten wirst:

Der Zirkel: An den Buchstaben der kurzen Seiten der Reitbahn beginnst du mit dem Zirkel. Du reitest einen Kreis, der die halbe Bahn ausfüllt, schneidest dabei aber die Ecken ab.

Die Volte: Bewege das Pferd in einem kleinen Kreis in die Reitbahn. Dabei darfst du nicht über die Mittellinie der Bahn hinausreiten. Kehre zum Ausgangspunkt zurück und reite auf derselben Hand weiter.

Die halbe Volte: Bewege das Pferd in die Reitbahn hinein und beschreibe mit ihm einen Halbkreis bis zur Mittellinie. Dann reite diagonal zum Hufschlag zurück. Dort geht es nun auf der anderen Hand weiter.

Durch die ganze Bahn wechseln: Du durchquerst die Reitbahn von einer Ecke schräg hinüber zur anderen (von H nach F, von K nach M oder jeweils umgekehrt) und wechselst dabei die Hand. Normalerweise wechselt man als Anfänger die ganze Bahn im Leichttraben, später reitet man diese Figur im Aussitzen. Wenn du wieder auf dem Hufschlag ankommst, gehe wieder in den Arbeitstrab über.

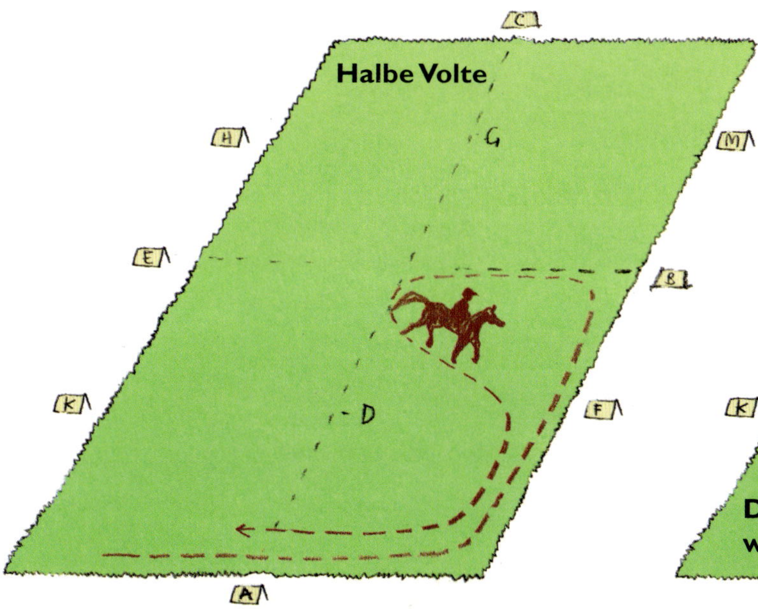

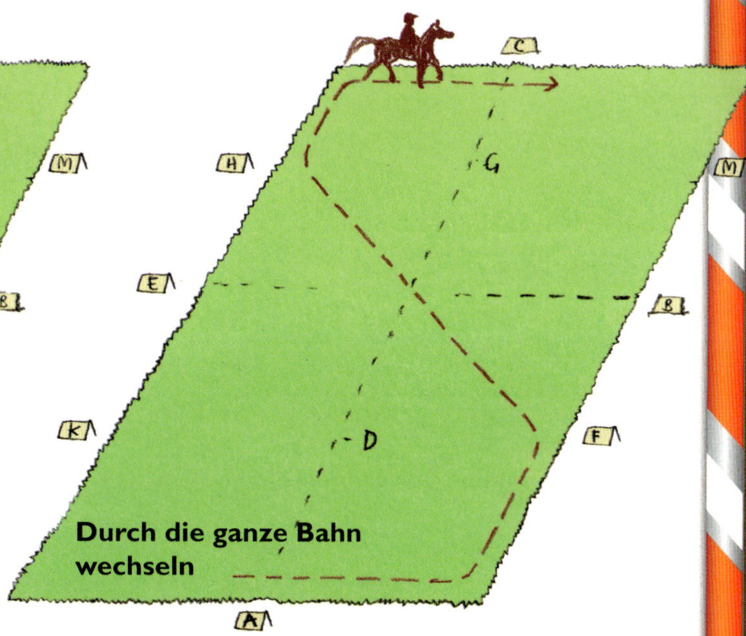

Die erste Stunde

Eins ist sicher: Deine erste Reitstunde wirst du nie vergessen! Das Gefühl, zum ersten Mal auf einem Pferderücken zu sitzen, ist einzigartig und sehr aufregend! Doch da musst du erst einmal raufkommen …

Bevor du in den Sattel steigst, überprüfe, ob er auch gut festgezurrt ist. Dies gilt nicht nur in der ersten Stunde, sondern jedes Mal, wenn du aufsitzt. Ziehe also den Sattelgurt noch einmal fest nach oder lass dir dabei helfen. Dann verrutscht er beim Aufsitzen oder während des Reitens nicht.

Aufsitzen

Es gibt verschiedene Möglichkeiten aufzusitzen:

Aufsitzen mit Steigbügel

Aufsitzen vom Boden

Diese klassische Art des Aufsitzens ist etwas anstrengend. Doch sie ist sehr nützlich, da du so allein auf das Pferd aufsteigen kannst.

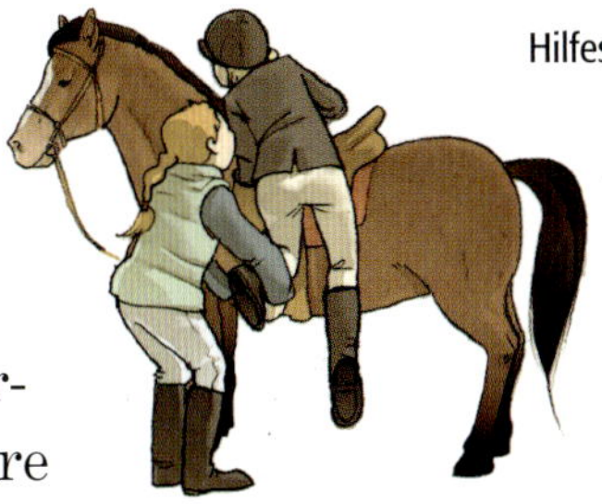

Hilfestellung

Aufsitzen mit Hilfestellung

In diesem Fall hilft dir jemand, indem er dein linkes Bein unterfasst und dir Schwung gibt. Jockeys steigen immer so auf, da ihre Sättel nur sehr kurze Bügelriemen haben und die Reiter die Steigbügel vom Boden aus nicht erreichen.

Aufstützen

Aufsitzen mit Aufsteighilfe

Oft gibt es in den Reithallen oder auf den Reitbahnen einen Tritt oder eine kleine Leiter, die du zum Aufsitzen benutzen kannst.

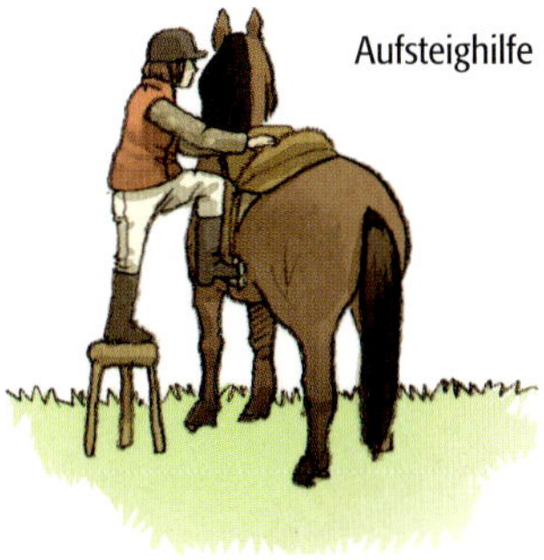

Aufsteighilfe

Aufsitzen mit Aufstützen

Wenn du sehr geschickt bist, kannst du auch ohne Hilfe aufsitzen, indem du dich einfach auf dem Sattel aufstützt.

Absitzen

Absitzen

Nimm die Füße aus den Steigbügeln, beuge dich nach vorn und schwinge das rechte Bein über die Kuppe des Pferdes. Dann rutsche senkrecht hinunter. Am Boden angekommen, ziehe die Steigbügel nach oben und löse den Sattelgurt. Dein Pferd wird erleichtert durchatmen, denn es weiß jetzt, dass die Arbeit für heute beendet ist. Und denk an die Belohnung: Ein Stück Zucker oder eine Karotte hat es sich verdient!

Der Sitz des Reiters

Im Sattel angekommen, gilt es, richtig auf dem Pferd zu sitzen. Der korrekte Sitz ist die Grundlage für alle kommenden Schritte. Dein Lehrer wird dir immer wieder sagen, wie du Beine, Arme und Rücken halten sollst. Achte genau auf seine Worte: Der richtige Sitz ist das A und O des Reitens!

Einfache Regeln

- Setze dich in den tiefsten Punkt des Sattels, sodass er gut zwischen den Oberschenkeln liegt.
- Die Knie liegen dicht am Sattel an, die Füße ruhen in den Steigbügeln, die Fußgelenke federn in der Bewegung leicht nach unten.
- Die Füße stecken in den Steigbügeln und verlaufen parallel zum Pferderumpf. Die Absätze sind leicht abgesenkt, die Fußspitzen zeigen nicht nach außen.

- Das Becken ist leicht nach vorne gekippt. Der Oberkörper bleibt aufrecht, senkrecht zum Pferderücken.
- Halte den Kopf gerade und blicke geradeaus zwischen den Ohren des Pferdes hindurch. Achte darauf, dass deine Muskeln immer locker sind und du nicht verspannst.
- Die Arme hängen in den Schultern entspannt herunter, die Unterarme sind zum Pferdehals hin abgewinkelt. Etwa eine Handbreit über dem Widerrist hältst du die Zügel.

Die richtige Knie- und Fußhaltung gehört zu einem guten Reitersitz dazu.

Falscher Sitz: Oft beugen sich Reiter zu weit vornüber und sitzen mit rundem Rücken auf dem Pferd.

Richtiger Sitz: Kopf und Oberkörper des Reiters sind senkrecht zum Pferderücken, ohne dabei zu verspannen. Der Rücken ist gerade, die Schultern leicht nach hinten gezogen.

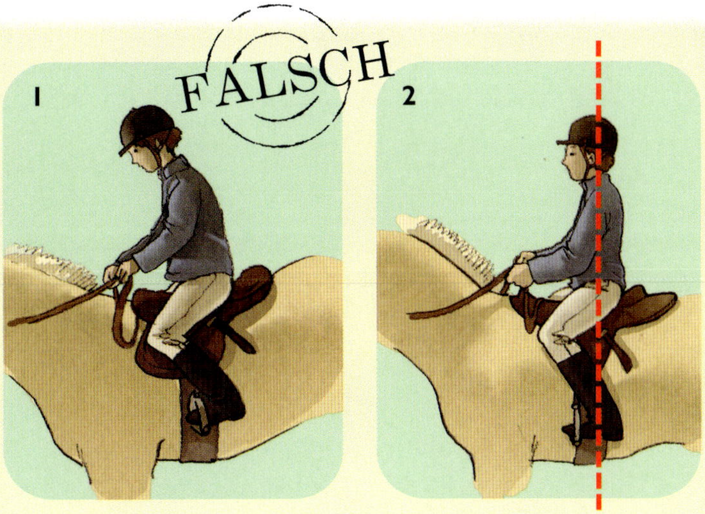

- Der Zügel verläuft zwischen dem kleinen Finger und dem Ringfinger und kommt zwischen Daumen und Zeigefinger wieder aus der Faust hervor. Der Daumen liegt locker oben auf dem Zügel. Halte die Hände in einem Abstand von 15 bis 20 cm. Die restlichen Zügel fallen an der rechten Seite des Pferdes herunter.

Gerade Linien ...

Ob du die richtige Sitzhaltung angenommen hast, kannst du mithilfe von zwei gedachten Linien erkennen.

Die erste zeigt dir, ob deine Arme richtig abgewinkelt sind: Sie sollten auf einer Linie liegen, die vom Maul des Pferdes über die Zügel bis zu deinen Ellenbogen verläuft. Diese liegen locker an deinem Oberkörper.

Die zweite Linie hilft beim aufrechten Sitz. Stelle dir eine Linie vor, die senkrecht durch deinen Körper läuft, vorbei an Ohren, Schulter, Hüfte und Absatz.

Wenn du diese Linien „siehst", sitzt du richtig!

Die reiterlichen Hilfen

Hilfen signalisieren dem Pferd, was es tun soll. Es gibt künstliche Hilfen wie Gerte und Sporen und natürliche Hilfen wie Zügel-, Gewichts- und Schenkelhilfen.

Sporen

Das Pferd ist sehr lernfähig und wird deine Kommandos ausführen, wenn es sie eindeutig versteht. Je genauer deine Hilfen sind, desto besser kann es nachvollziehen, was du von ihm willst. Wenn ein Pferd sich weigert, ein Kommando auszuführen, hat es meist nicht richtig verstanden, was du ihm „sagen" willst.

Die wichtigsten Hilfsmittel sind deine Beine. Durch Lage und Druck bestimmst du, was als Nächstes passiert. Der Druck kann dauerhaft sein oder über kurze Stöße erfolgen. Orientierung bietet dir der Sattelgurt, wobei deine Unterschenkel vor, am oder hinter dem Gurt liegen können.

Am Gurt treibt der Druck das Pferd an, hinter dem Gurt übt er eine verwahrende, also eher bremsende Wirkung aus.

Mithilfe deines Gewichts kannst du das Tier antreiben oder stoppen: Beugst du dich nach vorne, wird es schneller laufen. Lehnst du dich nach hinten, wird es langsamer. Sitzt du locker auf dem Pferd, spürt es das. Genauso merkt es aber auch, wenn du angespannt bist, und wird dann ebenfalls unruhig.

Gerte

Deine Hände sollten über die Zügel immer leichten Kontakt mit dem Maul des Pferdes haben. Vergiss nicht, dass ein Pferdemaul sehr empfindlich ist. Gehe also vorsichtig mit den Zügeln um und reiße nicht grob daran. Wenn du Schenkel und Gewicht richtig einsetzt, brauchst du die Hände fast gar nicht mehr einzusetzen.

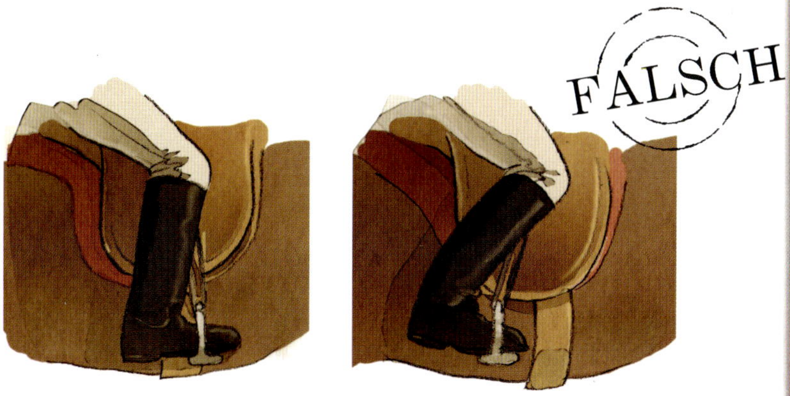

Das Bein soll am Sattelgurt liegen.

Du kannst die Hilfen mit deiner Stimme noch weiter unterstützen. Am besten geht das, wenn das Pferd bei einem bestimmten Kommando immer die gleichen Laute hört.

Gerte und Sporen solltest du erst benutzen, wenn du schon ein bisschen Erfahrung im Reiten gesammelt hast. Allerdings ist es empfehlenswert, das Reiten gleich mit der Gerte in der Hand zu lernen.

SO FINDEST DU EINE GUTE REITSCHULE

Reiten lernst du am besten in einer Reitschule, die qualifizierten Unterricht auf ausgebildeten Schulpferden anbietet. Erkundige dich bei den Reitschulen in deiner Umgebung und schaue dir vor Ort an, wie sie ausgestattet sind.

Achte zunächst einmal auf Folgendes:

- Ist die Reitbahn überdacht, sodass du auch bei schlechtem Wetter und im Winter reiten kannst?
- Gibt es Gemeinschaftsräume, wo du mit anderen Reitern Zeit verbringen kannst?
- Ist die Reitschule gut mit öffentlichen Verkehrsmitteln zu erreichen, sodass du allein dorthin fahren kannst?

Die Deutsche Reiterliche Vereinigung ist der Verband für Reiter und Pferdezüchter. Auf ihrer Website www.pferd-aktuell.de findest du alle wichtigen Informationen rund ums Reiten.

Schritt

Die meisten Pferde haben drei natürliche Gangarten: Schritt, Trab und Galopp. Schritt ist die langsamste Gangart, die sich in vier gleichmäßige Takte einteilt. Die Fußfolge ist hinten links, vorne links, hinten rechts und vorne rechts. Um das Pferd in dieser Gangart zu unterstützen, musst du fest im Sattel sitzen und dich der Bewegung des Tiers anpassen.

So geht's:

- Folge dem Rhythmus des Pferdes, wobei sich dein Becken sachte vor- und zurückbewegt.
- Verfolge auch mit den Händen die Bewegung des Pferdekopfes, indem du sie vor- und zurückführst. Nimm die Zügel weder zu lang noch zu kurz, sondern bewahre einen sanften Kontakt mit dem Maul des Pferdes.
- Halte die Beine ruhig und presse sie nur zusammen, wenn du ein Kommando geben willst. Danach lockerst du sie wieder.
- Willst du anhalten, setze die Gewichtshilfe ein und neige den Oberkörper leicht nach hinten. Becken und Hände kommen zur Ruhe und unterstützen die Bewegung des Pferdes nicht mehr. Nimm die Zügel etwas kürzer. Jetzt verspürt das Pferd einen leichten Widerstand und bleibt stehen.

RICHTUNGSWECHSEL

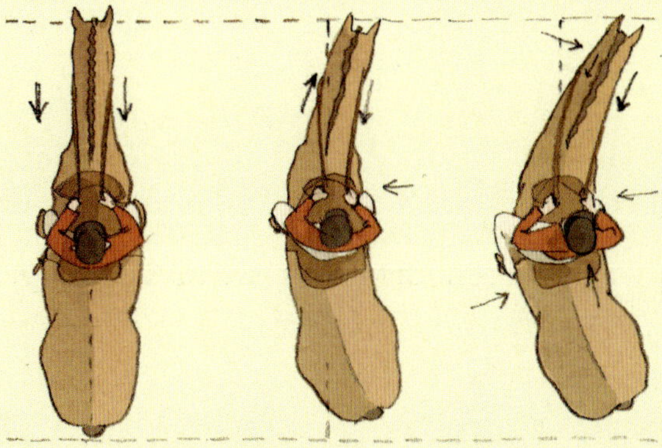

Willst du abbiegen – egal in welcher Gangart –, schaue zunächst in die gewünschte Richtung. Verlagere dein Gewicht ebenfalls dorthin, sodass das Pferd es merkt.

Halte dich aufrecht, nimm über die Zügel Kontakt auf und presse das innere Bein (also das, das in die Reitbahn zeigt) an den Sattelgurt. Das Pferd wird sich darum biegen. Verschiebe das äußere Bein (das aus der Reitbahn herauszeigt) ein Stück hinter den Sattelgurt, sodass das Pferd es an seinen Rippen spürt, um die Hinterhand zu kontrollieren.

Gib mit der inneren Hand über die Zügel ein paar kurze Signale an das Pferd, ohne zu zerren, dann lass den Zügel an der Seite ein wenig nach. So dreht das Pferd den Kopf. Die äußere Hand hält die Zügel unverändert fest, damit das Pferd den Kopf nicht zu weit nach innen dreht. Das Tier sollte während der ganzen Kurve wie eine Kreislinie gebogen sein. Sobald du wieder auf dem normalen Hufschlag angekommen bist, nimmst du wieder den Grundsitz ein. Der Wechsel von einer Gangart in die andere heißt Übergang.

- Zum Anreiten übst du mit den Unterschenkeln einen leichten Druck am Sattelgurt aus, bis das Pferd sich in Bewegung setzt. Sobald es losgeht, löst du den Druck wieder. Unterstütze mit den Armen die Kopfbewegung des Tieres. Nimm mit dem Becken wieder den Schrittrhythmus auf.

3

4

Trab

Am besten lernt ma
das Aussitzen ohn
Steigbüge

Sobald du mit dem Schrittreiten vertraut bist, kannst du in die nächste Gangart wechseln: den Trab. Der Trab ist eine Zweitakt-Gangart, bei der das Pferd das jeweils diagonale Beinpaar vorschwingt, also vorne rechts und hinten links (rechte Diagonale), dann vorne links und hinten rechts (linke Diagonale).

Dabei schweben für einen kurzen Moment alle vier Hufe in der Luft. Daher ist der Trab eine schwungvolle Gangart.

Auf manchen Pferden ist der Trab sehr bequem, auf anderen, wie einigen Ponyrassen, wird's oben im Sattel eher ungemütlich.

In einer Reitstunde wird überwiegend im Trab gearbeitet, was am Anfang vielleicht etwas anstrengend ist.

Es gibt zwei Arten des Trabs: Aussitzen und Leichttraben.

Aussitzen

Aussitzen ist sowohl für das Pferd als auch für den Reiter anstrengender. Für das Pferd, weil sein Rücken ständig das Gewicht des Reiters tragen muss; für den Reiter, weil es

nicht ganz einfach ist, der Bewegung des Tiers mit dem Becken zu folgen.

Wie wechselt man vom Schritt in den Trab?

- Nimm die Zügel etwas kürzer und treibe das Pferd mit den Schenkeln auf Höhe des Sattelgurtes kräftig an.

FALLEN GEHÖRT DAZU!

Wer nicht vom Pferd fällt, darf eigentlich nicht sagen, dass er reiten kann. Sicher ist ein Sturz keine schöne Sache, doch

früher oder später kommt auch das vor. Dann ist es das Beste, sobald wie möglich wieder auf das Pferd zu steigen und aus der Erfahrung zu lernen … denn jeder Flug macht klug!

- Beim Aussitzen entspricht der Sitz dem beim Schrittreiten. Sobald das Pferd zu traben beginnt, folgt man der Bewegung seines Rückens mit dem Becken. Dafür sollten dein Rücken und deine Beinmuskeln ganz locker sein, damit du nicht auf dem Sattel rauf- und runterhopst. Wenn das passiert, bleibe lieber kurz stehen, atme durch, entspann dich und trab dann wieder an.

- Halte Kontakt zum Maul des Pferdes, ohne zu sehr zu ziehen. Die Hände sollten ruhig bleiben, aber beweglich, denn das Pferd braucht einen leichten Zug auf der Trense, um sein Gleichgewicht zu finden.

Vermeide einen runden Rücken und hängende Schultern. Verlagere dein Gewicht nicht nach vorne, sonst schieben sich deine Beine zu weit nach hinten.

Löse dich beim Leichttraben nicht zu sehr aus dem Sattel.

Lehne dich nicht zu sehr mit dem Rücken nach hinten und strecke die Beine nicht zu weit vor.

Leichttraben

Beim Leichttraben unterstützt der Reiter die Bewegung des Pferdes, indem er sich abwechselnd aus dem Sattel löst und wieder setzt. Sobald er den richtigen Rhythmus gefunden hat, ist diese Gangart weniger anstrengend.

- Bevor du mit dem Leichttraben beginnst, mache erst ein paar Schritte im Aussitzen.
- Folge dem Rhythmus „eins, zwei, eins, zwei …". Hebe dich im richtigen Moment aus dem Sattel und nutze dabei den Schwung der Pferdebewegung aus. Zähle die Schritte mit: Bei eins gehst du aus dem Sattel, bei zwei setzt du dich sanft wieder hin.
- Beim Anheben bleiben deine Unterschenkel unbeweglich am Sattelgurt, während die Bewegung aus den Oberschenkeln heraus erfolgt. Der Oberkörper ist aufgerichtet, die Hände sind ruhig, aber nicht starr.

Um deine Balance im Sattel zu verbessern, kannst du versuchen, im Stehen zu traben: Löse dich aus dem Sattel, stelle dich fest in die Steigbügel und halte die Beine ruhig. Lehne dich dabei nicht zu weit nach vorne oder hinten.

Leichttraben ist ganz einfach, wenn das Pferd seinen natürlichen Rhythmus gefunden hat. Soll es etwas schneller laufen, treibe es an, wenn du im Sattel sitzt. Hebe dich nicht zu weit aus dem Sattel heraus und lass dich nicht wie ein Sack wieder zurückfallen. Wenn du nicht den richtigen Rhythmus findest, wechsele in den Schritt. Versuche es dann noch einmal. Um vom Trab in den Schritt zu wechseln, musst du erst vom Leichttraben ins Aussitzen übergehen. Halte dann das Becken ruhig und verlagere dein Gewicht etwas nach hinten. Nimm die Zügel etwas kürzer, ohne daran zu zerren.

Während der Reitstunden oder in einem Dressurwettbewerb gehen die Pferde hauptsächlich im Trab.

AUF WELCHEM FUSS TRABST DU?

Beim Leichttraben kannst du dem Pferd helfen, gleichmäßiger zu arbeiten, indem du „auf dem richtigen Fuß“ reitest. Achte darauf, welches Vorderbein in der Luft ist, wenn du dich aus dem Sattel erhebst. Trabst du auf dem rechten Fuß, gehst du aus dem Sattel, wenn die rechte Schulter nach vorne geht, und setzt dich, wenn die linke nach vorne geht. Willst du auf dem anderen Fuß traben, bleibe einfach einen Takt lang sitzen oder stehen, dann setzt du wieder von Neuem ein.

Galopp

Hast du alle Geheimnisse des Trabens verinnerlicht, geht es mit dem Galopp weiter. Zunächst fängst du mit einem leichten, langsamen Galopp an.
Der Galopp ist eine Dreitakt-Gangart: Das Pferd setzt zunächst einen Hinterfuß, dann den anderen Hinterfuß zusammen mit dem diagonalen Vorderfuß auf, schließlich folgt der zweite Vorderfuß. Auch im Galopp gibt es einen Moment, bei dem alle vier Hufe in der Luft schweben.

Aussitzen im Galopp

Das Aussitzen im Galopp ist sehr viel bequemer als das Aussitzen im Trab, und auch der Leichte Sitz ist beim Galopp angenehmer als beim Traben. Beim sogenannten Rechtsgalopp setzt das Pferd bei der Fußfolge den rechten Vorderfuß als Letztes auf, beim Linksgalopp ist der linke Vorderfuß der Letzte.

Die ersten Versuche im Galopp solltest du im Kreis oder an der Longe machen. So findet das Pferd besser in die richtige Gangart, und der Longenführer kann die Geschwindigkeit besser kontrollieren. Wie wechselt man in den Galopp?

- Lege ein paar Schritte im Trab zurück.

- Sobald der Rhythmus stimmt und du sicher sitzt, musst du dein Gewicht stärker auf die innere Gesäßhälfte verlagern. Schiebe das äußere Bein hinter den Sattelgurt, während das innere Bein am Gurt liegen bleibt. Wenn du dann die Beine anpresst, wechselt das Pferd in den Galopp.

1

2

Verlagere das Gewicht nicht zu weit nach vorne oder hinten. Auch die Beine sollten nicht zu sehr schaukeln.

- Beim Galopp nimmst du den gleichen Sitz ein wie beim Schritt: Der Oberkörper ist aufrecht, die Muskulatur locker. Folge mit dem Becken der Rückenbewegung des Pferdes. Die Arme liegen am Oberkörper und folgen der natürlichen Vor- und Zurückbewegung des Pferdekopfes. Über die Zügel hältst du einen leichten Kontakt mit dem Maul des Pferdes.

- Die Beine sollten immer in der richtigen Stellung bleiben: Das äußere liegt ein wenig zurück. Achte darauf, dass dein Rücken nicht zu weit nach vorne oder hinten gebeugt ist.

Leichter Sitz

Hast du das richtige Gleichgewicht gefunden, treibe das Pferd an und wechsele in den Leichten Sitz. Dabei entlastest du den Pferderücken von deinem Gewicht und verlagerst es auf deine Knöchel und Knie.

Dabei neigt sich dein Oberkörper leicht nach vorne. Übertreib dabei nicht, sonst legst du zu viel Gewicht auf die Vorhand des Pferdes.

Deine Beine bleiben in der Galoppgrundhaltung (das äußere hinter dem, das innere am Sattelgurt) und folgen dem Rhythmus des Pferdes. Die Hände halten leichten Kontakt mit dem Pferdemaul. Anfangs kann es schwierig sein, die Balance zu halten.

Galopp reiten

Im schnelleren Galopp nimmt man häufig den Leichten Sitz ein. So ist diese Gangart für den Reiter sehr bequem.

Die schnellste Form des Galopps ist der Renngalopp, der hauptsächlich bei Pferderennen geritten wird. Für ein normales Reitpferd kann diese Gangart gefährlich sein, da sich untrainierte Tiere Muskel- und Sehnenrisse zuziehen können.

Um vom ausgesessenen Galopp wieder in den Trab zu wechseln, hältst du das Becken ruhig und lehnst den Rücken leicht nach hinten. Lass die Beine locker und nimm die Zügel etwas kürzer.

So merkt das Pferd, dass es langsamer gehen soll, und geht über in den Trab. Falls das nicht passiert, zerre nicht an den Zügeln, sondern gib in regelmäßigen Abständen

Bei einem Galopprennen erreichen Pferde Geschwindigkeiten von über 60 km/h.

Je nachdem, ob das rechte oder linke Beinpaar weiter vorgreift, unterscheidet man zwischen Rechts- und Linksgalopp.

leichte Zügelhilfen, indem du den Zügel sanft annimmst. Achte darauf, dass dein Gewicht nach hinten verlagert bleibt. Ruppiges Zerren an den Zügeln bewirkt oftmals das Gegenteil von dem, was du eigentlich willst.

BESONDERE GANGARTEN

Neben den Grundgangarten gibt es auch noch andere Gangarten, beispielsweise den Passgang, bei dem das Pferd in zwei Takten gleichzeitig die hintereinanderliegenden Füße (also rechten Vorder- und Hinterfuß, linken Vorder- und Hinterfuß) aufsetzt. Tölt ist eine gelaufene Gangart ohne Schwebephase, die bei Island-Ponys vorkommt. Zudem gibt es künstlich antrainierte Gangarten wie den Walk oder den Marcha, die amerikanische Pferderassen besonders gut beherrschen.

Die ersten Sprünge

Wenn du in allen Gangarten sicher auf dem Pferd sitzt, kannst du dich deinen ersten Sprüngen zuwenden. Die wichtigste Grundregel hierbei lautet: Trage beim Springen immer deine Sicherheitsweste und einen Reithelm!

Normalerweise führt dich der Reitlehrer behutsam an das Springen heran, indem er die Stangen zuerst auf die Erde legt. Sobald Ross und Reiter aufgewärmt sind, folgen Übungen, mit denen man lernt, Richtung und Absprung des Pferdes zu kontrollieren. Beides sind wichtige Elemente des Springens.

Die Stangen auf dem Boden nimmst du normalerweise im ausgesessenen Trab oder im Leichttraben. Hierbei brauchst du deinen Sitz nicht zu ändern. Nur beim Überqueren solltest du mit deinen Händen leicht nachgeben, damit das Pferd seinen Hals lang machen kann. Das Gleiche geschieht im Galopp.

Die Anordnung der Stangen auf der Erde kann variieren, sodass du immer wieder die Richtung und die Hand ändern musst. Versuche, die Hindernisse immer in der Mitte zu überqueren. Gerade bei schwierigeren Sprüngen ist es später wichtig, dass du die Richtung

genau kontrollieren kannst. Nach den Hindernissen auf dem Boden folgen solche aus überkreuzten Stangen. Dazu legt der Reitlehrer jeweils ein Ende der Stangen auf einen Hindernisständer, sodass ein Kreuz entsteht. Das Hindernis in der Mitte zu überspringen, wo das Kreuz am niedrigsten ist, macht es für Pferd und Reiter leichter. Vor dem Kreuz liegt meistens noch eine Stange als Markierung auf der Erde, die dem Pferd anzeigt, wo es abspringen soll. Aus mehreren Kreuzen lassen sich verschiedene Hinderniskombinationen stellen.

Stangen auf dem Boden: Schnalle die Steigbügelriemen beim Springen drei bis fünf Löcher kürzer.

Je höher die Hindernisse werden, umso kräftiger muss sich das Pferd vom Boden abstoßen. Du musst es dabei unterstützen, indem du dein Gewicht von seinem Rücken nimmst.

So geht's:

- Wenn das Pferd abspringt, hebe das Gesäß aus dem Sattel wie beim Leichttraben oder beim Leichten Sitz im Galopp. Verlagere dein Gewicht vom Sattel auf die Steigbügel. Dabei lehnst du dich nach vorne an den Pferdehals. Versuche, den Rücken gerade zu halten. Hilfreich ist es, wenn du den Kopf hochnimmst und nach vorne blickst.

3

4

- Beim Sprung macht das Pferd den Hals lang, um das Gleichgewicht zu halten. Folge der Halsbewegung des Pferdes mit den Armen, sodass du es nicht mit den Zügeln behinderst.

Springanfänger machen häufig den Fehler, sich zu früh oder zu spät aus dem Sattel zu lösen. Dadurch gerät das Pferd aus dem Gleichgewicht. Außerdem lassen sie die Zügel beim Sprung nicht locker. Diese Fehler können dazu führen, dass das Pferd den Sprung verweigert. Dann bleibt es vor dem Hindernis stehen, dreht im letzten Moment ab oder wird zu schnell und springt zu früh oder zu spät ab.

Beim Springreiten müssen Pferd und Reiter einander völlig vertrauen. Dieses Vertrauen entsteht, wenn sie lange trainieren.

Die Hindernisse auf einem Parcours können ganz unterschiedlich sein.

Der Hindernisparcours

Auf einem Hindernisparcours in der Reitstunde oder beim Springturnier gibt es verschiedene Hindernisarten. Die üblichsten sind die aufrechten und die parallelen Hindernisse. Bei den aufrechten Hindernissen sind mehrere Stangen oder Planken senkrecht übereinander angeordnet. Diese sogenannten Ricks muss das Pferd mit einem Steilsprung überwinden. Bei parallelen Hindernissen stehen zwei oder mehr Hürden hintereinander. Hier springt das Pferd nicht nur hoch, sondern auch weit. Diese Hindernisse heißen Oxer.

Eine Kombination besteht aus zwei oder mehr Hindernissen hintereinander, zwischen denen das Pferd ein oder zwei Galoppsprünge macht.

Bei einem Springturnier werden je nach Niveau verschiedene Schwierigkeitsgrade bei den Hindernissen kombiniert.

Auf dem Parcours ist es wichtig, flüssige und saubere Wendungen zu reiten und dem Pferd genau zu vermitteln, wo es entlanglaufen soll. Der Reiter sollte dabei im Idealfall immer schon das nächste Hindernis im Blick haben, damit er den Rhythmus zwischen den Hürden regulieren kann.

KAPITEL 5

Reitsport

Springreiten

Beim Springreiten müssen Pferd und Reiter einen Parcours mit einer festgelegten Reihe an Hindernissen durchqueren. Dabei sollten so wenige Hürden wie möglich gerissen werden. Bei Turnieren gibt es drei verschiedene Klassen, die sich in der Höhe und der Schwierigkeit der Hindernisse sowie im Aufbau des Parcours unterscheiden.

Jeder Springreiter „arbeitet“ sich durch die verschiedenen Kategorien bis in die höchste Klasse. Die Höhe der Hindernisse variiert je nach Kategorie zwischen 60 und 160 cm.

Springreiten ist eine olympische Disziplin, wobei es Einzel- und Mannschaftswettkämpfe gibt. Es ist zudem Teil der Vielseitigkeitsprüfung, die früher Military genannt wurde, zu der außerdem Dressur- und Geländereiten gehören.

Für das Springreiten auf professioneller Ebene sind deutsche und niederländische Warmblüter am besten geeignet. Auch das Englische Vollblut, Anglo-Araber und französische Pferderassen sind gute Springpferde, außerdem einige ausgewählte amerikanische Rassen.

Der Hochsprungrekord fü
Pferde ist schon über 60 Jahre a
Am 5. Februar 1949 übersprang
das Englische Vollblut Huas
in Santiago de Chile ei
2,47 m hohes Hinderni

Die Deutsche Reiterliche Vereinigung unterscheidet im Jugendreitsport verschiedene Altersklassen: Bis 16 Jahre gehört man zu den Ponyreitern, bis 18 zu den Junioren und bis 21 Jahre zu den jungen Reitern.

DAS REITTURNIER

Am Tag des Wettkampfs zieht der Reiter sein Turnier-Outfit an: weiße Hose, schwarze Stiefel, weißes Hemd mit Krawatte oder Plastron für die Damen, blaue oder schwarze Jacke, Reitkappe und oftmals auch Gerte und Sporen.

Mit dem Trainer geht er den Parcours ab, um sich diesen vor Beginn des Wettkampfes genau einzuprägen. Dann wärmt er das Pferd auf dem Trainingsplatz auf und wartet darauf, dass seine Startnummer aufgerufen wird.

Wettkämpfe gibt es auf lokaler, nationaler und internationaler Ebene. Als Preise winken Schleifen, Pokale, Reitausrüstungen oder auch hohe Preisgelder.

Die Wettkämpfe können Fehlerzeitspringen oder Zeitspringen sein. Beim Fehlerzeitspringen muss der Parcours in einer festgelegten Zeit durchquert werden. Reißt das Pferd ein Hindernis, erhält der Reiter Strafpunkte.

Beim Zeitspringen gibt es keine zeitliche Vorgabe. Von jedem Reiter wird die Zeit gestoppt. Die Fehlerpunkte der gerissenen Hindernisse werden in Sekunden umgerechnet und zur gestoppten Zeit hinzugezählt. Gewinner ist, wer den Parcours am schnellsten bewältigt.

Dressurreiten

Das Dressurreiten geht auf eine lange Tradition zurück: Ursprünglich sollten Pferde durch die Dressur zu Kriegsrössern ausgebildet werden. Später übernahmen angesehene Reitschulen die Dressurausbildung. Bei der Dressur gibt es keine Sprünge über Hindernisse. Ziel ist die perfekte Harmonie von Pferd und Reiter. Durch die Hilfen gibt der Reiter dem Pferd zu erkennen, was es tun soll. Ist das Pferd entsprechend ausgebildet, führt es je nach Prüfungsklasse selbst schwierige Figuren, auch Lektionen genannt, aus. Bei der Dressur gibt es einen speziellen Dressursattel und oftmals zwei Zügel.

Neben den Bahnfiguren (siehe S. 87) sieht die fortgeschrittene Dressur komplizierte Lektionen wie die Passage, Piaffe, Pirouette oder Traversale vor. Bei Dressurwettbewerben müssen die Bewegungen besonders elegant ausgeführt werden. Außerdem müssen Pferd und Reiter sehr schick aussehen – alles muss auf Hochglanz poliert sein!

Die Prüfungen und Wettbewerbe sind in verschiedene Klassen unterteilt: E- und A-Dressur für Einsteiger und Anfänger, L bedeutet „leicht“, M „mittel“ und S „schwer“. Die Prüfungen finden auf dem Dressurviereck statt, einem 20 m x 60 m großen Platz, der von einem niedrigen Zaum gesäumt ist. Die Prüfungsrichter verteilen für jede Lektion, also jede Figur, Punkte von 1 bis 10.

1952 nahmen bei de Olympischen Spielen in Helsin zum ersten Mal Männe und Frauen gemeinsam ar Dressurwettbewerb te

Der Dressursattel sieht etwas anders aus als der Vielseitigkeitssattel. Die Schweißblätter sind schmaler, die Bügelriemen länger, sodass die Knie des Reiters fast durchgestreckt sind.

Auch Anfänger können an solchen Prüfungen teilnehmen, und zwar in den Klassen A und E.

Dressurreiten kann man eigentlich in allen Reitschulen lernen.

Wie das Springreiten gehört auch die Dressur zu den olympischen Disziplinen. Reiter können im Einzel- oder Mannschaftswettbewerb teilnehmen. Dressurreiten ist zusammen mit Spring- und Geländereiten Teil der Vielseitigkeitsprüfung. Spanische und portugiesische Warmblüter, Lipizzaner und Friesen eignen sich am besten für das Dressurreiten.

Bei Leistungsprüfungen ab einer bestimmten Klasse muss der Reiter beim Turnier Frack und Zylinder tragen.

KÜR ODER FREISTILDRESSUR

Neben den normalen Klassen gibt es beim Dressurwettkampf auch die Kür oder die Freistildressur. Hierbei denkt sich jeder Reiter einen eigenen Ablauf der Lektionen aus und unterlegt die Choreografie mit einer eigens ausgewählten Musik.

Wie beim Eislaufen müssen die Reiter bei der Freistildressur verschiedene Lektionen der entsprechenden Klasse vorführen, dabei ist die Reihenfolge allerdings nicht festgelegt.

In monatelangem Training bereiten sie ihre Musik und den Ablauf der Lektionen für eine einzigartige Kür vor. In herausragenden Momenten, in denen Pferd und Reiter eine Einheit bilden, wirkt die Kür wie ein Ballett. Das Pferd bewegt sich dann so zur Musik, als würde es tanzen.

Cross-Country

Beim Cross-Country, auch Geländereiten genannt, durchqueren Pferd und Reiter natürliches Gelände mit festen Hindernissen ganz verschiedener Art.

Bei Wettbewerben sind diese Gelände oftmals genau eingegrenzt und die Hindernisse natürlichen Hürden nachempfunden: umgestürzte Bäume, Gräben, Wasserlöcher, Mauern, Hecken und Erdwälle.

Im Rennen gilt es, die Strecke in einer bestimmten Zeit zu durchquere Verweigert das Pferd ein Hindernis oder stürzt der Reiter, wird das m einer Zeitstrafe geahndet.

Sieger ist, wer den Parcours am schnellsten absolviert. Die Gan art beim Cross-Country ist daher ein schneller Galopp, wob der Reiter im Leichten Sitz in den kurz gezurrten Steigbüge quasi steht.

Pferd und Reiter trag zusätzlichen Schutz, denn d Hindernisse sind fest und fall nicht herunter wie be Springreiten. Beide müss gut trainiert sein, denn dies Sport ist sehr anstrengen

Die Hindernisse im Cross-Country sind oftmals sehr schwierig: Hinter einer Hürde kann schon mal ein Wassergraben folgen …

Cross-Country ist eine olympische Disziplin. Die Reiter treten einzeln oder in Mannschaften an. Zusammen mit Spring- und Dressurreiten gehört der Geländeritt zur Vielseitigkeitsprüfung. Pferde fürs Geländereiten müssen einen starken und widerstandsfähigen Körperbau haben und mutig und ausgeglichen sein.

DISTANZREITEN

Distanzreiten, auch Endurance genannt, ist ein relativ junger Reitsport. Dabei muss der Reiter so schnell wie möglich eine bestimmte Entfernung auf dem Pferd zurücklegen.
Distanzreiten ist ein Mannschaftssport, da der Reiter von einem Team begleitet wird, mit dem er sich bestmöglich auf den Wettbewerb vorbereitet. Die Strecken können eine Länge von bis zu 160 km haben. Auf dem Weg, oft über Land, gibt es verschiedene Etappen, wo Pferd und Reiter medizinisch untersucht werden. Diese Rennen können sehr hart sein – darum müssen die Teams auch lange dafür trainieren. Die Strecken werden in verschiedenen Gangarten geritten, manchmal sitzen die Reiter auch ab, um den Pferden eine Verschnaufpause zu gönnen.
Distanzreiter gibt es überall auf der Welt. Am besten eignen sich für diesen Sport Araberpferde mit ihrer legendären Ausdauer. In den Herkunftsländern dieser Pferde, also auf der arabischen Halbinsel, erfreut sich diese Sportart großer Beliebtheit. Die Rennen finden dort in der Wüste statt. Distanzreiten ist keine olympische Disziplin.

Westernreiten

Das Westernreiten geht auf die amerikanischen Cowboys zurück und hat sich in den vergangenen Jahren zu einem Turniersport entwickelt. Typisch für das Westernreiten ist die lockere, entspannte Haltung auf dem Pferd. Der Sattel ist sehr bequem, der Knauf hilfreich beim Aufsitzen, die Bügelriemen sind sehr lang. Der Reiter führt die Zügel mit einer Hand und verständigt sich hauptsächlich über Gewichtshilfen mit dem Pferd.

Beim Westernreiten gibt es zwei besondere Gangarten: den Jog, einen verlangsamten Trab, und den Lope, einen langsamen Galopp. Auch ungeübte Reiter können in diesem Reitstil angenehme Ausritte unternehmen.

Meistens gehört zum Westernreiten auch die entsprechende Bekleidung, die natürlich an die Cowboys erinnert – mit Cowboyhut, Cowboystiefeln, Jeans und vielleicht auch Chaps, also ledernen Beinkleidern ohne Gesäß, die über den Jeans getragen werden.

Westernreiten ist keine olympische Disziplin. Für diese Sportart ist das amerikanische Quarter Horse das ideale Pferd.

Der Westernsatte hübsch verziert ... vor allem sehr bequ

Den Westernstil sieht man beim Rodeo, einer beliebten Sportart in den USA, Mexiko und Chile. Beim Rodeo stellen die Cowboys ihre Fähigkeit unter Beweis, Rinder einzufangen und Wildpferde zu bändigen.

WESTERNREIT-TURNIERE

Turniere im Westernreiten haben alle etwas mit der Arbeit der Cowboys zu tun.

Beim *Trail* muss das Pferd seine Geländegängigkeit beweisen und Hindernisse wie Brücken, Wasserläufe und Tore nehmen.
Beim *Pleasure* geht es um die korrekte Haltung des Pferdes sowie verschiedene Gangarten, bei denen der Reiter nur wenige Hilfen gibt.
Reining ist das Dressurreiten auf Western-Art. Hier führt das Pferd bestimmte Lektionen vor, die sich an den Bewegungsabläufen beim Viehhüten orientieren. Dazu gehören schnelles Drehen um die Hinterhand oder *Sliding Stops*, bei denen die Hinterbeine während des Abstoppens mehrere Meter durch den Sand gleiten.
Schließlich gibt es noch die *Cattle Work*, die Arbeit mit den Rindern. Hier zeigt der Cowboy beim *Cutting*, wie er ein Rind von der Herde trennt oder wie er beim *Roping* das Lasso wirft.

Galopprennen

Das Galopprennen, das schnellste aller Pferderennen, ist eng mit der Zucht von Vollbluttieren verbunden. So laufen vor allem Englische Vollblüter, aber auch Vollblutaraber und amerikanische Quarter Horses bei diesen Rennen mit.

Die Reiter bei den Galopprennen werden Jockeys genannt. Sie müssen sehr leicht sein. Die Rennsättel sind klein, die Steigbügel kurz.

Galopprennbahnen bestehen aus zwei langen, gegenüberliegenden Geraden, die über zwei Halbkreisen verbunden sind. Es gibt Gras- und Sandbahnen. Die Strecken haben eine Länge zwischen 800 und 3000 m. Der Jockey trägt ein buntes Seidenblouson, Dress genannt, das in den Farben des Rennstalls oder des Pferdebesitzers gehalten ist. Das Pferd startet aus einer speziellen Automatik-Box. Sieger ist, wer als Erster die Ziellinie überquert.

Die berühmtesten Galopprennen der Welt sind der Prix de l'Arc de Triomphe auf der Pariser Rennbahn Longchamp, das Royal Ascot in Großbritannien, der Breeder's Cup in den USA und die Derbys in Dubai (Dubay World Cup) und Japan (Japan Cup). Das wichtigste Rennen in Deutschland ist das Deutsche Derby, das in Hamburg-Horn ausgetragen wird.

Schon in der Antike haben die Menschen Pferderennen veranstaltet. Die erste Galopprennbahn entstand zu Beginn des 17. Jahrhunderts in England. Seitdem werden auf Rennbahnen in aller Welt Wettkämpfe ausgetragen.

Trainingssattel für ein Rennpferd

Das Hindernisrennen

Beim Hindernisrennen, auch Steeple Chase genannt, müssen die Pferde über Hecken springen, die die Rennbahn kreuzen. Der reiterliche Sitz ist zwar der gleiche wie beim Galopprennen, doch spezialisieren sich Pferd und Jockey meistens entweder auf „Flachrennen“ oder auf Hindernisrennen.

Das anspruchsvollste und spektakulärste Rennen der Welt ist das Grand National, das im britischen Aintree, in der Nähe von Liverpool, ausgetragen wird. Es geht über 7 km mit 30 Sprüngen. Oftmals erreicht nicht einmal die Hälfte der Pferde das Ziel. Auf der Galopprennbahn in Iffezheim bei Baden-Baden finden regelmäßig Hindernisrennen statt.

Galopprennen, egal ob als Flach- oder Hindernisrennen, ebenso wie Trabrennen (siehe S. 123) sind keine olympischen Disziplinen.
Weltweit kann man auf den Rennbahnen und in Wettlokalen bei nationalen und internationalen Rennen auf die Pferde und ihre Platzierungen Wetten abschließen.

Im Hindernisrennen laufen nur Englische Vollblüter.

DER PALIO IN SIENA

Im italienischen Siena findet zweimal im Jahr (am 2. Juli und am 16. August) ein ganz besonderes Pferderennen statt: der Palio. In historischen Kostümen reiten hier die Jockeys ohne Sättel über die Piazza del Campo, den zentralen Platz der Stadt. Dabei schickt jedes Stadtviertel, italienisch *contrada*, ein Pferd ins Rennen. Davor findet ein Umzug in mittelalterlichen Kostümen statt. Jede Contrada wählt einen Jockey aus. Erst zwei Tage vor dem Rennen werden die Pferde durch Los bestimmt.
Der Palio ist für alle Sienesen das wichtigste Ereignis im Jahr und lockt Tausende von Touristen in die Stadt.
In Italien gibt es auch in anderen Städten berühmte Palios: in Asti in Norditalien, auf Sardinien, wo traditionell viel geritten wird, und in San Vincenzo auf Sizilien, wo der Palio am Strand ausgetragen wird.

Polo und Horseball

Die Mannschaftssportart Polo hat eine uralte Geschichte. So spielten die Perser bereits vor 2500 Jahren Polo. Im Laufe der Zeit breitete sich der Sport bis nach Arabien und Indien aus. Britische Soldaten brachten das Spiel dann aus Indien nach England. Auf einem 275 m x 180 m großen Feld treffen beim Polo zwei Mannschaften aus je vier Reitern aufeinander.

Die Spieler müssen einen Ball (aus Holz, Weidenruten oder Plastik mit 8 cm Durchmesser) mit einem Bambusschläger in ein etwa 7 m breites Tor befördern. Eine Partie dauert ungefähr eine Stunde, die in Zeitabschnitte, sogenannte Chukkas (oder Chukker), eingeteilt ist. Jede Chukka ist 7,5 Minuten lang. Es werden vier, sechs oder acht Chukkas pro Partie gespielt. Geritten wird während der Partie im Galopp, weshalb Pferd und Reiter im Anschluss ziemlich erschöpft sind. Ein gut trainiertes Polo-Pony ist eine Grundvoraussetzung für diesen Sport.

Am Ende jeder Chukka wechselt der Reiter das Pony, das maximal zwei Einheiten spielen kann. Jeder Spieler braucht daher mindestens zwei Ponys pro Partie.

Polo war 1900 und 1936 olympische Disziplin, heute ist es das nicht mehr.

Auch in Deutschland wird Polo gespielt, allerdings ist die Szene noch sehr überschaubar.

Polo wird in de verschiedenen Ländern d Welt auf unterschiedliche Tieren gespielt: in Arabien nur a Vollblutarabern, in Indien a Elefanten und Kamelen, Amerika sogar auf Fahrräder

Rechts: Poloschläger und Poloball
Unten: ein Ball vom Horseball

Horseball

Diese Sportart ist eine Kombination aus Handball und Basketball zu Pferde. Zwei Mannschaften mit je sechs Spielern treten gegeneinander an. Eine Partie besteht aus zwei Halbzeiten à zehn Minuten. Der fußballgroße Ball ist mit sechs Lederschlaufen versehen, damit die Spieler ihn besser fangen oder während des Reitens aufnehmen können. Die Reiter müssen diesen Ball durch einen Ring werfen. Zuvor muss sich eine Mannschaft den Ball mindestens dreimal zugeworfen haben.

Horseball macht sehr viel Spaß, allerdings braucht man ein gutes Gleichgewicht auf dem Pferd. Polo-Ponys eignen sich besonders gut für diesen Sport.

Dieses Spiel ist keine olympische Disziplin, doch es gibt Meisterschaften.

DAS POLO-PONY

Ein Polo-Pony hat ein Stockmaß zwischen 152 und 160 cm und ist damit eigentlich gar kein Pony. Es heißt nur immer noch so, weil die Spieler in den Anfängen des Polos auf Tieren mit einem Stockmaß von 120 cm ritten. Heute kommen zumeist Pferde der Rasse Polo Argentino zum Einsatz. Sie werden speziell für den Polosport gezüchtet. Manchmal wird auch das amerikanische Quarter Horse eingesetzt. Ein Polo-Pony muss schnell und wendig sein. Es darf keine Angst vor den Schlägern haben.

Beim Horseball muss man sicher im Sattel sein, um auch bei extremen Bewegungen, wie dem Herunterbeugen im Galopp, nicht vom Pferd zu stürzen.

Fahrsport und Trabrennen

Fahrsport

Wie zu Uropas Zeiten: Vor der Erfindung des Autos bewegten sich die Menschen mit Kutschen und Wagen fort. Sie spannten Pferde an, um Personen und Waren zu transportieren. Außerdem verrichteten die Tiere leichte oder schwere Arbeiten auf dem Feld.

Bei den Fahrturnieren in heutiger Zeit kommt es vor allem auf das Zusammenspiel der Pferde an.

Dieser Sport erfreut sich immer größerer Beliebtheit, doch die notwendige Ausrüstung ist sehr teuer (eine sogenannte Marathon-Kutsche kann um die 10000 Euro kosten) und nimmt viel Zeit in Anspruch. In den Turnieren wird ein-, zwei- oder vierspännig gefahren.

Die Disziplinen bei den Prüfungen unterteilen sich in Dressur, Gelände- und Hindernisfahren. Bei der Dressur müssen Pferde und Fahrer vorgeschriebene Aufgaben absolvieren. Das Hindernisfahren, inoffiziell Kegelfahren genannt, besteht in einem Slalom durch bis zu 20 Kegelpaare. Diese müssen so schnell wie möglich durchfahren werden. Dabei sollten die Kegel natürlich nicht umfallen.

Beim Geländefahren, auch Marathon genannt, muss eine Strecke schnell und präzise zurückgelegt werden. Dabei

In manchen Ländern müssen die eingespannten Pferde bei Wettkämpfen Baumstämme ziehen oder Hindernisse überwinden.

passiert das Gespann verschiedene Hindernisse wie Brücken und enge Kurven.

Das Derby bildet eine Kombination aus Hindernis- und Geländefahren. In jeder dieser Disziplinen muss der Fahrer, unterstützt von seinem Stallburschen, zeigen, dass er Wagen und Pferde optimal beherrscht.

Trabrennen

Bei der Trabrenn-Variante des Pferderennsports dürfen die Pferde nur im Trab laufen. Der Jockey sitzt dabei nicht auf dem Pferd, sondern in einem leichten Wagen, dem zweirädrigen Sulky. Die Rennen finden auf einer speziellen Sandbahn statt.

Fahrer im Sulky während eines Trabrennens

Das Pferd läuft in einem schnellen Trab. Fällt es in den Galopp, scheidet es aus. Sieger ist, wer als Erster die Ziellinie überquert. Mittlerweile gibt es auch Trabrennen, bei denen die Jockeys auf den Pferden sitzen. Diese finden aber eher selten satt. Die besten Traber sind französische und amerikanische Pferderassen sowie der russische Orlow-Traber.

HIPPOTHERAPIE UND BEHINDERTEN-SPORTREITEN

Für Menschen, die an einer psychischen Krankheit oder einer körperlichen Behinderung leiden, gibt es das therapeutische Reiten, die Hippotherapie. Der Kontakt mit dem Pferd, das meistens ungesattelt geritten wird, wirkt sich günstig auf die Psyche und den Körper des Patienten aus.

Körperlich behinderte Menschen können das Reiten mithilfe spezieller Ausrüstungen erlernen. Meistens geschieht das zusammen mit Nichtbehinderten, sodass sie gemeinsam ein Stück Normalität erleben können.

Behindertensportreiten ist eine Disziplin bei den Paralympics, den Olympischen Spielen für behinderte Sportler.

Weitere Pferdeaktivitäten

Der Zirkus

Im Zirkus haben Pferde- und Reiternummern eine lange Tradition. Die Tiere sind meist auf dem Niveau der Hohen Schule ausgebildet (siehe S. 130). Neben dem klassischen Zirkus gibt es auch andere Kompanien, die traditionelle Dressurnummern mit Musik und weiteren Darbietungen verbinden. Vor allem in Frankreich, wo der Kontakt zwischen Mensch und Pferd noch sehr eng ist, ziehen viele solcher Schausteller durch das Land.

Reiturlaub

Eine besondere Art des Tourismus ist der Reiturlaub. Auf dem Pferderücken gelangt man an Orte, die zu Fuß eventuell nur mühsam zu erreichen sind. Reiterferien in schönen Landschaften kann man fast überall auf der Welt machen, manchmal auch kombiniert mit Sprachunterricht.

Im Internet findest du viele Angebote, von den felsigen Küsten Irlands bis zur Ranch in Mittelamerika.

Voltigieren

Das akrobatische Turnen auf einem Pferd, das an der Longe geführt wird, nennt man Voltigieren. Das Tier geht im Schritt, Trab oder Galopp immer im Kreis. Vor allem bei Kindern ist das Voltigieren beliebt, und sie entwickeln dabei ein gutes Gefühl für die Bewegungen des Pferdes.

Ponyspiele

In den vergangenen Jahren haben sich die „Ponyspiele“ immer weiterentwickelt. Hierbei lernen die Kinder spielerisch die Welt der Pferde kennen.
An den Wettbewerben nehmen Mannschaften oder Paare teil. Die Spiele werden teilweise zu Fuß, teilweise auf dem Ponyrücken durchgeführt. So gewinnen die Kinder Vertrauen zu dem Tier und zum Reitsport und lernen neue Freunde in ihrem Reitklub kennen.

Eine Voltigier-Vorführung.

In vielen Reitschulen gibt es spezielle Lehrer, auch Animateure genannt, die sich nur um diese ganz besonderen Angebote für die Kleinsten kümmern.

Ponyspiele können ziemlich lustig sein – nicht nur für die kleinen Reiter, sondern auch für die Zuschauer.

DIE FUCHSJAGD

Früher war die Fuchsjagd eine Notwendigkeit, heute ist sie eine alte Tradition.
Im Mittelalter und in der Renaissance zeigten die Adligen und Ritter bei der Jagd ihr reiterliches Können und stellten ihre gut ausgebildeten Rösser zur Schau.
Vor allem in England und Irland war dies besonders wichtig, denn die dortige Gesellschaft stützte sich vor allem auf die Landwirtschaft, und die Jagdreiter schützten so die Viehherden vor Füchsen und anderen Raubtieren. Außerdem jagten sie nach Wild.

Heute ist die Fuchsjagd ein reiner Vergnügungssport, bei dem ein Schleppenleger eine künstliche Duftspur legt.
Aus der Fuchsjagd ist ein neuer Pferdetyp hervorgegangen: der Hunter (siehe S. 38). Bei den Huntern werden wichtige Merkmale für die Jagd gezüchtet: ein kräftiger, schöner Körperbau, starke Gliedmaßen, gute Sprungkraft und ein ausgeglichenes Wesen.

KAPITEL 6

Rund ums Pferd

Freunde und Legenden

Das Pferd ist ein soziales Tier und lebt in freier Wildbahn in einer Herde. Ihm ist es egal, ob es in einem schönen Gestüt mit einer riesigen Koppel lebt: Wenn es allein ist, fühlt es sich gar nicht wohl und ist unglücklich.

Gibt es keine Artgenossen in seiner Umgebung, verträgt sich ein Pferd aber genauso gut mit vielen anderen Tieren. Es verbringt seine Zeit gerne mit Eseln, die zu seinen nächsten Verwandten gehören.

Das Pferd versteht sich zudem sehr gut mit Schafen und Ziegen, die ihm wiederum sehr zugetan sind. Die Gesellschaft von Rindern stört es auch nicht.

Etwas problematisch könnte das Zusammenleben mit Hunden sein, solange das Pferd sie noch nicht gut kennt. In der Natur gehören Hunde zu den Jägern, und der erste Instinkt beim Pferd ist, vor ihnen zu flüchten.

Legendäre Pferde!

Das Trojanische Pferd

Seit Urzeiten symbolisiert das Pferd für den Menschen Kraft und Schnelligkeit. Manchmal sprechen die Menschen ihm auch magische Fähigkeiten zu. In antiken Schriften sind Pferde und Mischwesen aus Mensch und Pferd häufig Heldengestalten.

In der griechischen Mythologie bevölkern die Zentauren zahllose Geschichten: Diese Pferdemenschen haben Beine und Hinterteil eines Rosses und Oberkörper und Kopf eines Menschen. Der berühmteste Zentaur ist Cheiron, der Lehrer des Achilles. Der Legende nach setzte Göttervater Zeus Cheiron nach dessen Tod als Sternbild Zentaur an den Himmel. Ein weiteres Sternbild, das einen Pferdemenschen zeigt, ist der Schütze.

Pegasus

Auch das geflügelte Pferd Pegasus stammt aus der griechischen Mythologie. In der nordischen Sagenwelt ritt der Wikinger Odin auf Sleipnir, einem geflügelten Ross mit acht Beinen.

In Legenden und Erzählungen taucht immer auch das Einhorn auf, das auf der Stirn ein Horn trägt. Einige Leute behaupten sogar, dass es vor Urzeiten tatsächlich ein Pferd mit einem hornförmigen Knochen auf der Stirn gegeben haben könnte. Dieses Tier hätte sich angeblich so weiterentwickelt, dass es das Horn nicht mehr gebraucht und schließlich ganz verloren habe.

In der „Ilias“ berichtet der griechische Dichter Homer vom Trojanischen Pferd. Nachdem sich die Griechen und Trojaner jahrelang vor den uneinnehmbaren Mauern Trojas bekämpft hatten, ersonnen die Griechen im Jahr 1100 v. Chr. eine neue List, um die Stadt zu erobern: Sie bauten ein riesiges Holzpferd, in dessen Bauch sich einige tapfere Krieger versteckten. Danach segelten die Griechen ihre Schiffe in eine abgelegene Bucht und gaben vor, sich zurückzuziehen. Den Trojanern schickten sie eine Botschaft, dass das Pferd ein Geschenk sei. Die Bewohner Trojas zogen das Pferd in die Stadt, und in der Nacht kletterten die Griechen aus dem Pferdebauch, öffneten der griechischen Armee die Stadttore und gewannen so den Krieg.

Kunst und Spektakel: die Hohe Schule

Die Weiterentwicklung der Dressur zu noch schwierigeren und aufsehenerregenden Lektionen trägt den Namen „Hohe Schule“. In der Hohen Schule wird die Erziehung eines Pferdes zum Schlachtross zu einer spektakulären Kunstform erhoben.

Die berühmtesten Orte, wo die Pferde nach den Regeln der Hohen Schule ausgebildet werden, sind die Nationale Reitschule Cadre Noir im französischen Saumur, die Spanische Hofreitschule in Wien und die Königliche Reitschule in Jerez de la Frontera in Südspanien. Fast alle Pferde dieser Schulen haben ihre Vorfahren in Spanien – das gilt auch für die Lipizzaner, die nach dem slowenischen Gestüt Lipica (auf Italienisch Lipizza) benannt sind und in Wien dressiert werden. Es gibt jedoch auch Vertreter anderer Rassen, die genauso perfekt ausgebildet werden.

In diesen Reitschulen lernen die Pferde schwierige Figuren wie Pesaden und Capriolen. Die Pferde brauchen für diese Lektionen Begabung und Gelehrigkeit.

Pferde und Reiter zeigen ihr hohes Können dann in öffentlichen Vorstellungen. Der Cadre Noir von Saumur geht mit seinen Pferden rund um den Globus auf Tournee. In Wien und Jerez finden diese Darbietungen in den Schulen statt, wo man auch beim Training zuschauen und die angeschlossenen Museen besichtigen kann.

DIE SCHÖNSTEN PFERDE DER WELT

Auf den folgenden Pferdemessen kannst du die schönsten Pferde der Welt bewundern – oder auch kaufen – und beeindruckende Vorführungen ansehen.

Essen (Deutschland)
Equitana
Weltmesse des Pferdesports
Alle zwei Jahre im März
www.equitana.com

Paris (Frankreich)
Salon du Cheval
Jedes Jahr im Dezember
www.salon-cheval.com

Dublin (Irland)
Dublin Horse Show
Jedes Jahr im August
www.dublinhorseshow.com

Verona (Italien)
Fieracavalli
Jedes Jahr im November
www.fieracavalli.it

COWBOYS UND VIEHHIRTEN

Die legendären Helden der amerikanischen Kultur, die Cowboys, tauchten im 19. Jahrhundert auf, als der Rinderhandel im Land aufblühte. Viehbesitzer und Rinderzüchter stellten Cowboys an, um die Herden zu den Weiden oder zu den Verkaufsplätzen zu treiben. Diese Männer durchquerten weite Ebenen und Wüsten, saßen tagelang im Sattel, schliefen unter freiem Himmel und schützten das Vieh vor Jägern, Dieben und tausend anderen Gefahren im Wilden Westen.

Für ihre stundenlangen Ritte brauchten die Cowboys einen bequemen Sattel, so entstand der Westernsattel (siehe S. 116). Dieser musste außerdem hübsch verziert sein, denn der Sattel war gewissermaßen das persönliche Markenzeichen der Cowboys. So steckten sie viel von ihrem Lohn in die Sättel, um mit edel gearbeiteten und reich geschmückten Stücken aufzufallen.

Die Figur des Cowboys hat das Bild des Amerikaners im Ausland geprägt. Zusätzlich hat das Kino ihren Lebensstil verherrlicht – und dabei kräftig übertrieben.

Gauchos & Co.

Was in Nordamerika der Cowboy, ist in Südamerika der Gaucho. Auch der Gaucho trieb und treibt noch heute – wenn auch in geringerem Umfang – die Rinder auf die Weiden, zum Beispiel in der argentinischen Pampa.

Die Gauchos führten ein Nomadenleben, schliefen und aßen unter freiem Himmel, um auf ihre Herden aufzupassen. Dabei haben sie vor allem in Argentinien die Tradition der Grillparty in ihrer südamerikanischen Variante, genannt *asado*, begründet: Sie grillten ihr Fleisch über offenem Feuer auf einem Rost. Viele Bücher und Filme handeln vom Leben der Gauchos.

In Südfrankreich gibt es die Cowboys der Camargue, die sich um die Lagunenlandschaft des gleichnamigen Naturparks kümmern und dort Stiere züchten. In der Camargue hat das Reiten eine sehr lange Tradition.

Die berittenen Hirten der italienischen Region Maremma, die an der Mittelmeerküste in der südlichen Toskana liegt, treiben auf Maremma-Pferden ihr Vieh zusammen. Sie reiten auf speziellen Sätteln, die eine lange Tradition haben.

Pferdeberufe

Pferdewirt als Reiturlaubsführer

Möchtest du später auch im Beruf mit deinen vierbeinigen Freunden arbeiten? Hier findest du ein paar Berufe rund ums Pferd.

BEREITER/IN: Betreut und trainiert Pferde und schult sie in Reitdisziplinen wie Dressur, Springen oder für den Renn- und Fahrsport.

Pferdepflegerin

BERITTENE POLIZEI: In manchen Bundesländern gibt es Reiterstaffeln bei der Polizei. Dafür erhalten die Polizeibeamten eine zusätzliche reiterliche Ausbildung.

BERUFSTRAINER/IN: Trainiert Pferde im Bereich Galopp- oder Trabrennsport und betreut Renngemeinschaften.

FACHBERATER/IN FÜR REITSPORTAUSRÜSTUNG: Diese Ausbildung zum Einzelhandelskaufmann/zur Einzelhandelskauffrau absolviert man in einem Reitsportfachgeschäft.

Bereiter

GESTÜTSLEITER/IN: Nach Abitur und Studium kann man ein staatliches Gestüt leiten.

HIPPOTHERAPEUT/IN: Ist ein/e Physiotherapeut/in mit Zusatzqualifikation und führt Übungen mit kranken oder behinderten Kindern und Erwachsenen auf speziell ausgebildeten Pferden durch.

Trainer

HUFSCHMIED: Fertigt individuelle Hufeisen für Pferde an und befestigt diese. Zu den Aufgaben gehört außerdem die Hufpflege.

Jockey

JOCKEY: Als Pferdewirt/in lernt man das Reiten von Rennpferden und tritt bei Galopprennen an.

PFERDEHÄNDLER/IN: Handelt mit Pferden.

PFERDEPFLEGER/IN: Versorgt fachmännisch die ihm/ihr anvertrauten Tiere.

PFERDEWIRT/IN: In diesem Ausbildungsberuf lernt man alles rund um das Versorgen der Pferde, ihre Haltung und ihre Aufzucht.

REITLEHRER/IN: Gibt Freizeit- und Sportreitern Unterricht.

SATTLER/IN: Stellt Sättel, Geschirre und andere Reitsportartikel her.

TIERARZT/TIERÄRZTIN: Dafür studiert man nach dem Abitur Veterinärmedizin.

TIERARZTHELFER/IN: Diesen Beruf kann man z. B. in einer Pferdeklinik erlernen.

Tierarzt

Berittene Polizisten

Sattler

Berühmte Filmpferde

Der Pferdeflüsterer Robert Redford

Seit der Erfindung des Films sind immer auch Pferde über die Leinwand galoppiert. In Filmen, in denen riesige Reiterhorden große Schlachten darstellen, wirkten im Hintergrund wahre „Pferde-Schauspiellehrer", die den Tieren beibrachten, eindrucksvoll zu fallen, den Schmerz einer Verletzung vorzugeben und sich auf Kommando aufzubäumen. Hier stellen wir dir ein paar klassische Pferdefilme vor.

KLEINES MÄDCHEN, GROSSES HERZ (CLARENCE BROWN, 1944). Das Mädchen Velvet Brown (Elizabeth Taylor) nimmt als Junge verkleidet mit ihrem Pferd Pie an dem Rennen Grand National teil.

FURY (SIDNEY SALKOW, LESLEY SELANDER, 1955–1960). In der 114-teiligen Fernsehserie erlebt der schwarze Hengst Fury viele Abenteuer.

ALLES GLÜCK DIESER ERDE (BRYAN FORBES, 1978). Sarah Brown (Tatum O'Neill) schafft es, mit ihrem Pferd Arizona Pie, dem Sohn von Pie aus „Kleines Mädchen, großes Herz", an den Olympischen Spielen teilzunehmen.

DER SCHWARZE HENGST (CARROLL BALLARD, 1979). Ein wunderschöner schwarzer Hengst und ein 12-Jähriger überleben einen Schiffbruch. Der Junge zähmt das Tier, und gemeinsam bestehen sie spannende Abenteuer.

Hidalgo

BLACK BEAUTY (CAROLINE THOMPSON, 1994). Nach dem Roman von Anna Sewell aus dem Jahr 1877 erzählt der Film die Geschichte eines schönen Pferdes, das Ende des 19. Jahrhunderts in den engen Straßen Londons arbeiten muss. Dabei trifft es auf gute und böse Menschen, erlebt aber schließlich ein Happy End …

Fury

DER PFERDEFLÜSTERER (ROBERT REDFORD, 1998). Nach den Erkenntnissen von Monty Roberts (siehe S. 27) entstand diese Geschichte eines Mädchens und seines Pferdes. Ein Pferdeflüsterer (**Robert Redford**) hilft Pferd und Reiterin (**Scarlett Johansson**), die nach einem Unfall schwer traumatisiert sind.

SPIRIT – DER WILDE MUSTANG (KELLY ASBURY/LORNA COOK, 2002). Dieser Zeichentrickfilm ist dem wilden Hengst Spirit gewidmet, der in den weiten Ebenen des Wilden Westens lebt. Er kämpft dafür, seine Herde aus der Hand böser Menschen zu befreien.

SEABISCUIT – MIT DEM WILLEN ZUM ERFOLG (GARY ROSS, 2003). Das etwas klein geratene Vollblut Seabiscuit gewinnt ein wichtiges Rennen, was ihm zuvor keiner zugetraut hat.

HIDALGO – 3000 MEILEN ZUM RUHM (JOE JOHNSTON, 2004). Ein tollkühner Cowboy (**Viggo Mortensen**) nimmt mit seinem gescheckten Mustang an einem 3000-Meilen-Rennen durch die arabische Wüste teil. Mit dem Preisgeld kauft er eine Herde wilder Mustangs und entlässt sie wieder in die Freiheit.

DIE LEGENDE DES ZORRO (MARTIN CAMPBELL, 2005). In allen Filmen, die von Zorro handeln, spielt auch immer Tornado, sein herrliches schwarzes Pferd, mit. Die jüngste Verfilmung stammt von 2005.

Stichwortverzeichnis